·STEM精品课程资源丛书·丛书主编 王素

幼儿园 STEM
精品课程资源课例
（中班）

主　　编　光善慧
副 主 编　宋婉容
参　　编　（按姓氏笔画排序）
　　　　　吕　峰　公艾青　刘　卓　李　蕾　陈育芬
　　　　　罗　选　金美花　陕昌群　孟　帆　缪　珺

助你成为
跨学科教学
高手

机械工业出版社
CHINA MACHINE PRESS

本书系"中国STEM教育2029行动计划"阶段性的研究成果,以《STEM教师能力等级标准（试行）》为编写指导,致力提升幼儿园教师的STEM教学设计能力。本书分理论和课例两个部分。理论部分重点阐述了针对幼儿园STEM课程开发和应用的纲领性指导方案,即课程大纲。课例部分有三类,共收录15个课例,均是来自知名幼儿园教师实践过的优秀课例,注重培养幼儿的核心技能,落实五大领域的素养要求；采用了丰富的表现性评价,侧重于幼儿高阶思维的培养。本书兼具理论高度和课例实操,用丰富的活动课例开阔教师的视野,内容系统、丰富,可读性和指导性强。

本书可作为幼儿园中班教师开展STEM教育和跨学科教学的参考资料,为其开展教学提供脚手架。

图书在版编目（CIP）数据

幼儿园STEM精品课程资源课例. 中班 / 光善慧主编.
北京：机械工业出版社, 2024. 10. -- (STEM精品课程资源丛书). -- ISBN 978-7-111-77090-9
Ⅰ. G612
中国国家版本馆CIP数据核字第2024LX5580号

机械工业出版社（北京市百万庄大街22号　邮政编码100037）
策划编辑：熊　铭　　　　　责任编辑：熊　铭　单元花
责任校对：闫玥红　宋　安　责任印制：张　博
北京联兴盛业印刷股份有限公司印刷
2024年11月第1版第1次印刷
184mm×260mm・14.25印张・300千字
标准书号：ISBN 978-7-111-77090-9
定价：65.00元

电话服务　　　　　　　　　网络服务
客服电话：010-88361066　　机　工　官　网：www.cmpbook.com
　　　　　010-88379833　　机　工　官　博：weibo.com/cmp1952
　　　　　010-68326294　　金　书　网：www.golden-book.com
封底无防伪标均为盗版　机工教育服务网：www.cmpedu.com

丛书序

"STEM精品课程资源丛书"就要与大家见面了。这套丛书是"中国STEM教育2029行动计划"系列丛书的第二套。我们在2017年发布的《中国STEM教育白皮书》中提出了"中国STEM教育2029行动计划",行动计划之一是为基础教育阶段学校培养万名STEM教师。为了实现这一目标,我们开展了一系列行动。我们制定了《STEM教师能力等级标准(试行)》,系统化地培训种子教师,在多地建立了STEM教育协同创新中心,带领学校和教师开展STEM相关课题研究和实践探索。

这套"STEM精品课程资源丛书"是为基础教育阶段教师量身打造的独有系列。本丛书包括幼儿、小学、初中、高中四个学段和校内、校外两种教学形态。丛书采用理论与实践相结合的方式,既提供了STEM课程资源开发的理论框架,又提供了针对不同学段的学生经过实践检验的可模仿、可操作的课程资源课例,为教师开展STEM教育提供了优质、全面的STEM课程资源,成为教师开展STEM教育的有效支架和工具。

这套丛书的出版具有独特的价值。如今,我们已经进入人工智能时代,教育必将发生根本性的变革。课程进入素养导向时代,强调跨学科实践,在真实的情境中学习,培养学生的创新思维和科学问题解决能力。STEM教育正是跨学科学习的载体,其情境化、任务式的项目学习方式正是新课程标准所重视和强调的。

习近平指出,"要在教育'双减'中做好科学教育加法"。教育部等十八部门联合印发了《关于加强新时代中小学科学教育工作的意见》,文件指出,把培养学生的科学精神和提升学生的科学素质作为工作原则。STEM教育的核心目标就是培养创新思维和科学问题解决能力,通过实践性的学习和项目驱动的学习方式,让学生能够主动思考、探索和解决现实生活中的科学问题,培养学生的创新能力和独立思考能力。

STEM教育还注重培养学生的综合素质和终身学习能力。在STEM教育中,学生需要具备团队合作、沟通交流和解决复杂问题的能力。这些能力不仅对学生的学习和职业发展有益,也对他们的个人成长和社会生活具有重要的意义。

学校开展STEM教育也面临很多挑战。

首先,师资不足。优秀的STEM教师是实施STEM教育的关键。然而,目前高等教育中基本都是按学科培养，基础教育阶段学校对STEM教师的培训也有限，教师开展STEM教育需要更多的资源和工具的支持。

其次，STEM教育需要不断创新及更新课程内容和教学方法，以适应快速发展的科技和社会需求。然而，传统的教材和教学方法往往难以满足学生的实际需求，学生需要更加注重实践性项目驱动的学习。而基础教育阶段教师面临着如何设计和开发STEM课程以及如何有效实施STEM课程的挑战。

最后，STEM教育强调不同学科之间的融合和跨学科的教学。当前基础教育阶段学校仍然是以学科教学为主，开发跨学科课程、打破学科之间的界限是学科融合和跨学科教学的关键。

为了帮助基础教育阶段教师解决这些难题，我们组建了一支由顶尖教育专家、教研员和一线优秀教师组成的团队，致力研发出最优质的STEM课程资源，为学校开展STEM教育提供可操作的示范课例和教学方法。这些课程资源课例包括了优秀的STEM课程应该具有的框架和基本要素，同时提供了丰富的实践活动课例。我们相信，这些资源课例的有效利用不仅可以成为基础教育阶段教师开展STEM教育的抓手，也可作为STEM课程资源开发时模仿的样例。

我们期待这套"STEM精品课程资源丛书"能够成为基础教育阶段学校开展跨学科学习实践、做好科学教育加法的有效工具；成为基础教育阶段教师的贴心朋友和伙伴，也能让我们以丛书为平台，成为一个学习共同体。

中国教育科学研究院STEM教育研究中心

前言

当前，人类进入了人工智能时代，知识与技能越来越成为世界各国参与国际竞争、促进经济发展的核心因素，各国均把创新型、技能型人才竞争提升到国家战略的高度。人工智能与社会科学的深度融合对教育的发展构成了巨大的挑战，同时也带来了难得的机遇。2023年5月，教育部等十八部门联合印发了《关于加强新时代中小学科学教育工作的意见》，着力在教育"双减"中做好科学教育加法，一体化推进教育、科技、人才高质量发展。在教育体系中，幼儿教育是国民教育体系的重要基础，在幼儿教育中开展好STEM教育，对培养孩子的好奇心、开启孩子的创造力有极其重要的作用。

"中国STEM教育2029行动计划"是中国教育科学研究院提出的科学教育创新倡议，自2017年发布以来，在我国基础教育中引发了热烈反响，有效促进了广大基础教育学校科学教育的创新实践，涌现出了一大批优秀成果。

2020年起，我国某些先发地区已经有部分幼儿园开始了STEM教育实践，通过提出问题、分析问题、设计方案、创意制作、分享交流、评价迭代等STEM实践过程的锤炼，幼儿的操作技能、思维能力等均得到了有效提升，对科学的兴趣更加浓厚。

2022年，中国教育科学研究院STEM教育研究中心在全国范围内征集了丰富的中小学STEM课例，于2024年结集出版了"STEM精品课程资源丛书"，为中小学学校落实STEM教育提供了丰富的课程资源。习近平指出，对科学兴趣的引导和培养要从娃娃抓起。因此，结合科学人才贯通培养的要求，在幼儿科学教育的课程设置、教学方式以及幼小衔接等方面迫切需要做出符合我国学前儿童身心成长的设计，STEM教育就是最好的抓手。

为落实中央有关文件的精神，进一步指导全国各地幼儿园有序开展STEM教育科研相关工作，围绕幼儿园STEM课程如何落地实践，以提升幼儿园教师的科学素养和专业能力，2023年我们开启了"幼儿园STEM精品课程资源课例"的征集。一共在全国征集了360多个优秀课例，经过层层筛选，最终优选了45个课例，依据《STEM教师能力等级标准（试行）》和"中国STEM教育2029行动计划"的理论基础，由全国知名STEM教育专家进行指导修改，最终集结为《幼儿园STEM精品课程资源课例（小班）》《幼儿园STEM精品课程资源课例（中班）》和《幼儿园STEM精品课程资源课例（大班）》3个分册。

"幼儿园 STEM 精品课程资源课例"每分册都包括理论部分和课例部分。理论部分由合肥市瑶海区教育体育局光善慧老师撰写，重点阐述了针对幼儿园 STEM 课程开发和应用的纲领性指导方案——课程大纲。课程大纲分别从课程性质及特点、课例设计基本理念、课程设计思路、课程目标、课程实施建议和课程设置及开发计划 6 个方面，进行了诠释和说明，为幼儿园教师全面理解 STEM 课程开发和 STEM 教学应用奠定了坚实的基础。

这 3 个分册中的课例部分均依据幼儿的年龄特点和认知规律设计。《幼儿园 STEM 精品课程资源课例（小班）》中的课例设计侧重于游戏化思维，分 3 类：第一类"区角游戏，我来玩"，共有 5 个课例；第二类"探秘大自然"，共有 5 个课例；第三类"益智玩具，我建构"，共有 5 个课例。《幼儿园 STEM 精品课程资源课例（中班）》中的课例设计侧重于设计思维培养，分 3 类：第一类"科学小探索"，共有 6 个课例；第二类"建构我们的生活"，共有 4 个课例；第三类"种植、养殖欢乐多"，共有 5 个课例。《幼儿园 STEM 精品课程资源课例（大班）》中的课例设计侧重于工程思维培养，分 3 类：第一类"科技改变生活"，共有 5 个课例；第二类"科学小探索"，共有 5 个课例；第三类"在生活中的创造"，共有 5 个课例。所有课例均是来自知名幼儿园教师实践过的优秀课例，注重培养幼儿的核心技能，落实五大领域的素养要求；采用了丰富的过程性评价，侧重于幼儿高阶思维的培养。

最后，希望这套书能成为幼儿园教师开展 STEM 教育和跨学科学习的脚手架。期待我们的努力能助推中国 STEM 教育的发展，促进"中国 STEM 教育 2029 行动计划"扎实推进。

目录

丛书序

前言

第 1 章　理论学习 1

　1.1　幼儿园 STEM 教育课程指导大纲 2
　1.2　课例编写依据及体例解读 14

第 2 章　科学小探索 19

　2.1　课例 1：我们的桥 20
　2.2　课例 2：探索磁力片的秘密 33
　2.3　课例 3：小小造船师 47
　2.4　课例 4：自制浇花器 62
　2.5　课例 5：火箭飞上天 76
　2.6　课例 6：有趣的瓶子漩涡 88

第 3 章　建构我们的生活 102

　3.1　课例 7：给小树穿冬衣 103
　3.2　课例 8：晚安，小夜灯 115
　3.3　课例 9：野战区的"担架" 129
　3.4　课例 10：车车向前冲 141

第4章　种植、养殖欢乐多 153

    4.1　课例 11：蚕宝宝的新家 154
    4.2　课例 12：小鸟宝宝回家去 166
    4.3　课例 13：呀！土豆 179
    4.4　课例 14：黄豆大变身 193
    4.5　课例 15：种子生长记 206

第 1 章

理论学习

○ 幼儿园 STEM 教育课程指导大纲

○ 课例编写依据及体例解读

1.1　幼儿园STEM教育课程指导大纲

我们正处在信息技术2.0时代，从互联网、物联网、人工智能到智能制造，不仅改变了我们的生活方式，也改变了我们的生产方式。STEM教育作为跨学科综合教育的有效形态，作为培养幼儿的探究能力、批判思维能力，以及与人沟通能力的载体，其作用已经被大多数国家认可。

STEM是科学（Science）、技术（Technology）、工程（Engineering）、数学（Mathematics）四门学科英文首字母的组合。起源于美国的STEM教育，从2001年开始引入我国教育领域。它打破传统教学孤立传授学科知识的做法，更强调跨学科学习；它摆脱了传统意义上的"课本"，更强调面向现实中的具体问题，探究解决问题的思路和方法；它不再过度强调对知识的记忆，更强调通过知识的综合运用创新解决问题的思路。可以说，这些在很大程度上弥补了我国传统基础教育的短板。

从我国目前的人才情况来看，创新型人才、高技能人才的培养已成为经济转型的重要支撑力。2016年5月，中共中央、国务院印发了《国家创新驱动发展战略纲要》，提出国家发展要分三步走：第一步，到2020年进入创新型国家行列；第二步，到2030年跻身创新型国家前列；第三步，到2050年建成世界科技创新强国。所有这些战略的实现，都需要人才的支撑。

从国家层面来看，STEM教育目前已进入我国国家课程标准。2017年教育部印发的《义务教育小学科学课程标准》，特别把STEM教育列为新课程标准的重要内容之一；2017年6月，中国教育科学研究院STEM教育研究中心发布《中国STEM教育白皮书》；2022年4月，新的义务教育课程标准全面颁布，明确规定各门课程要有不少于10%的课时用于设计跨学科主题学习；《3—6岁儿童学习与发展指南》也指出，儿童的发展是一个整体，要注重领域之间、目标之间的相互渗透和整合，促进幼儿身心全面协调发展。

从脑科学角度来看，一般刚出生时，婴儿大脑大小约为成人大脑大小的1/4。但是，它的大小会在第一年翻一番，到3岁时，它增长到成人大脑的80%左右；到5岁时，它将继续增长到成人大脑的90%，几乎完全长大。大脑是人体的指挥中心，新生儿拥有他们余生的所有脑细胞（神经元），但真正使大脑工作的是这些细胞之间的联系。脑细胞的连接使我们能够移动、思考、交流和做其他事情，因此幼儿时期通过创新活动刺激脑神经从而建立联系，在幼儿的大脑中植入创新的种子至关重要。

习近平指出，好奇心是人的天性，对科学兴趣的引导和培养要从娃娃抓起，使他们更多了解科学知识，掌握科学方法，形成一大批具备科学家潜质的青少年群体。所以，创新思维的培养，必须从幼儿抓起。随着"中国STEM教育2029行动计划"的不断推进，编制一套适合幼儿不同年龄段的STEM精品课例，培训、指导教师学会开发课例，为幼儿园STEM教育发展提供真正意义上的方向性指导，让STEM教育真正在幼儿园落地生根，迫在眉睫。我们的目标就是要通过长期的幼儿STEM游戏化教学实践，努力让STEM教育惠及广泛的幼儿群体，让科学思维与创新能力成为每一个孩子的成长基因。

1.1.1 课程性质及特点

《幼儿园教育指导纲要（试行）》指出，幼儿园的教育内容是全面的、启蒙性的，各领域的内容相互渗透，从不同的角度促进幼儿情感、态度、能力、知识、技能等方面的发展。因此，幼儿STEM课程要以幼儿的实际生活情境和需求为基础，以幼儿在实际生活中发现的问题为契机，以体验、验证、探究、创新等方式解决问题为导向，以培养幼儿的融合学习能力、科学探究能力、工程设计能力、创新能力等为目标，是以培养高阶创新人才、全面提升幼儿各领域核心经验为目的的综合实践性课程。其特点主要表现在以下几个方面。

科学性。STEM课程紧紧围绕幼儿身边发现的问题开展研究，应用科学思维和方法创新解决实际问题，是基于工程的思维设计；在教师的引导下，通过在真实情境中让幼儿历经发现问题、提出问题—调查原因、探究问题—理清思路、设计方案—创意制作、测试验证—评价与分享、得出结论—迭代更新、不断创新等过程，在探究与设计中，培养幼儿学会思考和判断、尊重事实和证据、多角度辩证分析问题的思维，形成严谨求知的学习品质，有效达成培养幼儿各领域核心经验发展的目标。

实践性。STEM课程设计以实践过程为主要环节，充分鼓励幼儿通过动手、动脑和亲身体验进行实践创新；以验证、探究、制作、创造等活动作为幼儿学习的重要方式，让他们了解科学探究与工程设计的具体方法和技能，理解基本的科学知识，发现和提出实际生活中的问题，并尝试用多学科知识、科学与工程的方法予以解决，在实践中体验和积累认知与改造世界的经验；培养幼儿像科学家一样思考问题、像工程师一样解决问题，最终成为适应未来社会的创新型人才。

融合性。理解自然现象和解决实际问题必然要综合运用不同领域的不同知识和方法。幼儿园STEM课程融合了科学、语言、健康、艺术与社会五大领域，综合多学科知识，注重幼儿多领域融合思维能力的培养，发挥不同领域的教育功能和思维培养价值，着力提升幼儿的工程思维、设计思维和动手、动脑、社会实践等能力，促进幼儿的全面发展。

协同性。协作与分享是STEM精神的重要体现。STEM教育在收集资料、设计方案、分析项目、创意制作、展示成果等环节，都离不开团队合作。幼儿在相互配合的行动中，逐步培养团队合作能力；在合作与分享中找到成就感、获得感和幸福感。同时，STEM教育鼓励家、园、社等多方支持，积极参与，协同创新。

创新性。STEM课程强调幼儿自主学习、勇于探究、敢于创新。在STEM课程的各个环节，鼓励幼儿大胆发挥好奇心和想象力，为解决问题，能够不畏困难。例如，在前期的资料调查、中期的方案设计和后期的制作、测试等环节，都会遇到很多难以预测的难题。STEM教育激励幼儿坚持不懈、大胆创新、积极寻求解决问题的有效途径，在潜移默化中培养幼儿的创新意识和能力。

趣味性。趣味性是指活动内容及其表现方法拥有充满趣味和吸引幼儿好奇心的特质。《3—6岁儿童学习与发展指南》提出，要珍视游戏和生活的独特价值，创设丰富的教育环境，合理安排一日生活，最大限度地支持和满足幼儿通过直接感知、实际操作和亲身体验获取经验的需要，让幼儿在学中玩，在玩中学。STEM教育通过丰富项目的活动形式和设置有趣的内容，充分激发幼儿的想象力，在动手、动脑中，激发幼儿的探究欲和求知欲。

挑战性。依据苏联教育家维果茨基提出的儿童教育发展观中的"最近发展区理论"，在STEM教育活动设计时，我们的教学应着眼于幼儿的最近发展区，为幼儿提供略有难度、跳一跳够得着的学习内容，发挥其潜能，超越其最近发展区而达到下一发展阶段的水平；通过支持幼儿完成项目，培养幼儿的高阶思维。

1.1.2 课例设计基本理念

本书的课例设计体现了以下基本理念。

以人为本，为幼儿的终身发展奠定基础。STEM课程对培养幼儿的科学素养、实践能力和创新精神具有重要的价值。在STEM活动分组中，要充分运用多元智能理论，根据幼儿的个体差异合理分工，让所有的幼儿都能在活动中有所为，并能有获得感和成就感；为全体幼儿提供合适的、公平的学习和发展机会，力图让每个幼儿受益。STEM课程应该是普惠教育而不是精英教育，这是课程的基础。

项目式学习，突出幼儿的主体地位。一旦缺失"任务驱动—解决问题"的热情，教学便容易出现不足，唯有突出幼儿主体地位，让他们怀揣主动探索、解决难题的热忱，才能赋予教育蓬勃的生机与无限可能。STEM课程则倡导动态学习，以幼儿为中心，基于真实情境，解决实际问题。幼儿学习方式的改变必将促进教师教学行为的转变，从而更好地改进活动实施的效果，这也是STEM课程能否落地实施的关键。

积极实践，引导幼儿形成正确的价值观。幼儿STEM项目的设置应该体现积极的情绪价值。一方面，要尽量展示积极阳光的社会价值，比如为小动物找家，倡导保护动物；另一方面，难免会遇到沉重的话题，应通过积极方式应对话题给幼儿造成的不适感。所以，项目设置的人文关怀要体现在充满童趣的活动中，价值观引导要蕴含在鲜活的主题中。潜移默化的熏陶、探究合作的思考，必然有利于幼儿正确价值观的形成和创新思维能力的健康发展，这是本课程的基本原则。

整合资源，实现跨学科有效融合。在 STEM 课程教学中，幼儿自主提出问题，确定探究任务；教师引导幼儿联系已有的知识和经验，充分利用家、园、社等各种资源，创设良好的学习环境，引起幼儿的认知冲突。幼儿通过主动探究，启发思维，逐步懂得在丰富的资源中学会选择、合作学习，实现跨领域融合。

1.1.3 课程设计思路

幼儿园 STEM 课程设计要遵循国家幼儿教育纲领性文件，充分考虑幼儿的年龄特点与认知规律，并兼顾学前教育的实际情况。

依据幼儿的心理及思维发展特点设置课程难度。3~4 岁的幼儿，具象思维特征明显，活动特点主要是模仿和简单再现；4~6 岁的幼儿，对具体形象的依赖性会越来越小，创造想象能力开始发展起来。他们的思维发展从以具象思维为主逐步向以抽象逻辑思维为主过渡。因此，我们在课程内容的设置上采取由易到难、螺旋上升的方式，且每个单元的纵向思维和知识的横向逻辑均逐步递进，以适合不同年龄段幼儿的知识水平、认知能力和行为特质。

依据五大领域的要求和 STEM 教育的性质设置知识板块。结合 STEM 教育的性质和特点，参考《3—6 岁儿童学习与发展指南》和《幼儿园教育指导纲要（试行）》文件精神及幼儿心理思维发展特征，我们将 STEM 项目内容融入幼儿的一日活动中，如区角游戏（美工区、建构区、益智区等）、集体活动（五大领域的活动开展）、户外活动（劳动、养殖、运动等），将五大领域有效融合，注重培养幼儿对科学的兴趣、严谨的思维和良好的习惯。

依据幼儿的认知规律和教学目标设置课程类型。根据不同年龄段幼儿的认知规律，STEM 课程把实现教学目标的类型分为：基于游戏化思维的 STEM 项目、基于设计思维的 STEM 项目和基于工程思维的 STEM 项目。同时，它们又不是孤立存在的，而是根据项目性质和幼儿年龄特点互相联系、相辅相成。课程整体内容连续，由简单到复杂，由基础到提高，根据难易程度进行螺旋式设计，以满足不同年龄段幼儿的思维和心理发育水平发展的需求。

1.1.4 课程目标

STEM 课程的总目标是培养幼儿的科学素养、技术素养、工程素养、艺术素养和数学素养，使其将来能成为具备科学家与工程师的思维、具备解决问题能力和创造力的人。

一、知识目标

1. 通过种植区项目活动的开展，懂得亲近自然、感知自然，有意识地观察和探究周围常见的自然事物，运用多感官或动作进行实践探索，关注探索所产生的结果。知道将已有经验与实际问题建立联系，解决生活中遇到的问题，如理解人类与自然的相互依存关系，认识人类所面临的生态问题，掌握环境保护的基础知识。初步了解自然规律，感知和体验天气对自己的生活和活动的影响，如发现不同季节的特点，了解季节变化的周期性与植物生长规律的关系。

2. 通过养殖区项目活动的开展，了解基本的生命科学知识，感知生物的多样性和独特性，如认识常见的动植物，感知和发现动植物的生长变化及其基本条件，察觉动植物的外形特征、习性与生存环境的适应关系。

3. 通过各类小实验及 STEM 作品的制作，探索并感知常见物质、材料的特性和物体的结构特点，如物体的结构与功能之间的关系，物体和材料的软硬、光滑和粗糙等特性，材料的物理性质或用途，物体的形态或位置变化，以及常见物理现象产生的条件和影响因素。

4. 通过建构 STEM 活动，善于发现和感受自然界与生活中美的事物，萌发对美的感受和体验，自发地进行艺术表现和创造，具备初步的艺术表现和创造能力。在活动中能够用图画、符号等表征形式呈现简单的计划和记录，积极主动地与他人进行合作探究与分享交流，敢于在同伴面前大胆地表达自己的探索发现，并在交流中尝试整理、概括自己的探究成果。

5. 通过科学小探究活动，了解风、电、水、太阳对人的益处和危害，初步体会事物的两面性，感知简单的物理现象。喜欢玩声、光、磁、颜色的变化、沉浮等游戏，了解自然科学和技术的基本知识和概念，体会事物的发展与变化。

6. 通过游戏化的 STEM 活动开展，知道生活、游戏、学习等行为规则和自己行为的关联性，了解并逐步知道各种场合及社会领域的要求及应该遵守的规则等。

二、能力目标

1. 在项目式活动中培养幼儿的学习能力、思维能力、实践能力和创新能力，以及与他人交流沟通的能力；培养幼儿尊重事实、乐于探究，以及与他人合作的意识。

2. 通过不同项目问题的提出、问题的解决等，逐步培养幼儿具有问题意识，敢于批判质疑；培养幼儿的独立思考、独立判断能力；培养幼儿具有解决问题的意识和能力。

3. 培养幼儿的工程思维、设计思维，学会多角度辩证地看待问题，做出选择和决定，能将创意和方案转化为创造有形物品及迭代更新的能力。

4. 能够与时俱进，学会收集、处理信息；学会运用各种技术和方法，提高信息化和技术素养，提早适应未来信息化社会的发展。

三、情感·态度·价值观

1. 在融合学习中，幼儿初步理解个体成长与国家、社会的关系，树立爱祖国、爱家乡和爱集体的意识。

2. 通过解决身边的问题，初步体会生态环境与人类生存的关系，通过自己的创新，改善环境，养成爱护环境、勤俭节约、珍惜资源的意识。

3. 通过STEM工程实践，形成热爱劳动、注重实践、崇尚科学、自主自立、敢于竞争、善于合作、勇于创新的个性品质。

4. 在主动参加的家务劳动、生产劳动、公益活动和社会实践中，具有改进和创新劳动方式、提高劳动效率的意识。

5. 发掘自身的潜力，用创新思维应对生活中发现的问题，初步发展幼儿的社会责任感和集体荣誉感。

1.1.5 课程实施建议

一、教学建议

教学是达成STEM教育目标的主要途径和基本环节。教学的组织与实施应全面贯彻党的教育方针，以立德树人为导向，遵循幼儿身心发展和创新思维成长的规律。坚持STEM课程的理念和要求，提高STEM教学的实效性。

1. **STEM教师培养建议**。2018年5月8日，中国教育科学研究院STEM教育研究中心发布了《STEM教师能力等级标准（试行）》。由于STEM课程的融合性特点，目前国内的学校没有专业的STEM教师，都是由有兴趣的各学科教师兼任的。因此，必须依据《STEM教师能力等级标准（试行）》，加大培训力度，培养胜任STEM教学的"五专"教师，即专职授课、专注研究、专门培训、专业学习、专于创新的新型教师。STEM教师在教学中应准确把握STEM课程的综合性，以幼儿高阶思维、创新能力成长的培养为线索，将工程、技术、科学、数学等内容进行有机整合，避免将这些内容割裂开来，分块进行教学，努力使STEM的学习服务于幼儿高阶思维发展的需要。

2. **教学目标建议**。培养幼儿的高阶思维、促进国家创新型人才的培养，是STEM课程的宗旨。幼儿园阶段的STEM教学是为培养幼儿的科学精神、创新素养，为培养未来的"工程师"打基础的。STEM教师应将创新能力和高阶思维的培养作为教学设计与实施的最高准则，注重各方面目标的整合与平衡。

高阶思维、科学素养的形成是一个长期的过程，只有通过连贯、进阶的STEM学习与躬行实践才能达成。STEM 教师应整体把握课程目标、课例的设计思路，了解课程在 STEM 能力培养上的纵向、横向脉络，以及与其他学科的横向关联，正确定位每个项目的教学目标。

3. **课例使用建议**。本书的课例是教师在实践探索中形成的成熟课例，为教师进行 STEM 授课和课例开发提供了很好的示范和引领。STEM 教师要创造性地应用本书中的课例，根据本地区和自己幼儿园的特点，兼顾幼儿个体存在的差异，灵活地应用课例，而不是照搬照抄，这是 STEM 教师专业素养的体现，也是 STEM 教师发挥创造力的机会。

4. **教学活动建议**。为了更好地培养幼儿的核心素养，STEM 教师要为幼儿提供多样化的活动、实践、探究机会，让幼儿在合作探究、思维碰撞中提升核心素养。

（1）**设计好项目式活动**。开展 STEM 项目式活动，教师要注意安排好以下环节：幼儿合理分组、家长陪同调查、指导技术使用、合作设计问题解决方案、合作制作作品、乐于分享成果、关注评价结果等。学会开发 STEM 项目，是 STEM 教师成长的必修课。教师可以通过观察幼儿和身边的活动，在五大领域的实践中、在一日常规的活动中发现项目，然后设计项目，通过一个个项目的设计、制作、完成，蜕变为真正的 STEM 践行者。

（2）**开展真活动才能练思维**。STEM 课程与其他课程的重要区别在于，通过项目式学习来解决问题。STEM 教师要让幼儿开展真调查、真分享、真设计、真制作、真验证，在实验、观察、测量、种植、饲养、考察、制作、记录等活动中，动手与动脑相结合，才能实现 STEM 教育效益的最大化。

（3）**开展合作探究式学习**。STEM 教师指导幼儿进行合作探究式学习，应注意以下问题。①**重视探究活动的各个要素**。科学探究包括提出问题、做出假设、制订与实施研究方案、收集和分析数据、得出结论、表达交流、反思评价等要素。每个要素都会涉及多个学科思维方法，只有让幼儿有机会充分练习这些思维方法，跨学科整合思维才能逐渐形成。要避免程式化、表面化的科学探究。②**精心设计探究问题**。探究问题有三个主要来源：幼儿在身边发现的问题、项目学习中必须探究的难题、日常活动中生成的问题。无论问题来自何方，都必须与幼儿的探究能力水平相符。控制好课堂探究的时间、问题的结构、探究的效果及结论，对于启迪幼儿思维、促进创新因子发展有非常重要的价值。③**处理好 STEM 学习中幼儿和教师的角色**。STEM 探究式教学强调要以幼儿为主体，但这并不意味着教师要放弃指导。教师的角色：一是引导者，引导幼儿积极参与，启发幼儿的创意、灵感；二是参与者，幼儿边动手，教师边指导，培养幼儿的创新思维；三是倡导者，评价幼儿的成果，激发幼儿的创新兴趣和欲望。幼儿的角色：一是发起人，在教师的引导下自主探索、发现问题、提出问题；二是创造者，将自己的想法和创意制作成作品，变为现实；三是自主学习者，作为学习的主体，自己做主，通过阅读、听讲、研究、观察、实践等不断提升自己。教师的指导要有启发性，所有过程都应该是生成式学习。

5. **STEM 学习场所建议**。创客空间、STEM 教室均是 STEM 学习的重要场所。除此之外，还有更广阔的 STEM 学习场所，如校园、家庭、社区、公园、田野、科技馆、工厂、科普实践基地等。这些学习场所，教师需要根据项目学习的需要，精心选题、精心策划。教师安排幼儿去这些场所，必须有家长陪同，提前发放任务清单，观察什么、计算什么、操作什么、思考什么都要清晰，才能真正让这些场所成为 STEM 教育的鲜活资源。

6. **幼儿 STEM 教育材料应用的建议**。STEM 教育是一种新的教育理念，使幼儿通过一个个项目，学会如何综合运用科学、技术、工程、数学等方面的知识，解决真实世界中的问题，其中"创"是核心。幼儿园的项目材料主要来自以下几个方面：一是身边的废旧材料，如用过的各种罐子、盒子、水杯、布料、塑料泡沫等；二是幼儿园自备的一些低结构材料，如建构积木、桌面益智玩具、橡皮泥等；三是少量的科技感材料，大部分是在大班阶段，包括 3D 打印笔、图形化编程、电子积木模块等。在发挥新技术的优势的同时，教师不应忽视真实情境、直接经验对幼儿的重要作用。

二、STEM 教育评价建议

教学和评价是 STEM 课程实施的两个重要环节，它们相辅相成。评价既对 STEM 教学效果进行监测，也与教学过程相互交融，从而促进与保证达成幼儿的高阶思维及创新能力发展的目标，确保课程实施的质量，促进幼儿核心素养的发展。

1. **评价原则**

（1）**过程性原则**。过程性评价是指对幼儿在 STEM 教育实践及创作活动的每一个阶段，包括多学科知识应用、提出创意、引出思考、形成问题、收集信息、制定策略、协同创作、技能操作、反思总结、表达说明、分享交流等全过程进行评价。课程评价通过评价数据，真实有效地记录幼儿在学习及动手实践过程中的情况，及时发现问题，及时反馈与纠正。教师要重视在评价中反映出幼儿在态度、价值观、方法、能力等方面的变化和进步，关注幼儿能否在问题的提出和解决过程中具有主动获取知识和知识实现的想法。

（2）**目标性原则**。STEM 课程目标是否达成是课程设计成功与否的标志。教师要对问题的解决度或项目目标达成度，从知识结构与运用、跨学科融合、效度和信度等几个维度来进行测量和评价，从而更好地把握课程设计的方向和目标。

（3）**多维度原则**。根据 STEM 实践过程以及协作的需要，评价者有教师、幼儿、幼儿小组、家长等。STEM 教育要将幼儿的自评与互评相结合，教师评价与家长评价、社会评价相结合，使评价成为多方合作和交互活动的过程；通过收集证据、分析数据，强调评价的改进与激励功能；尊重和爱护幼儿的个体差异，发现和肯定幼儿蕴藏的潜能。

2. **评价标准**

评价标准按照教师教学评价和幼儿学习评价两个维度来制定，教与学相辅相成，互相促进。教师 STEM 教学评价一般放在课后，在教学比赛、公开课中应用较多，可以是教师评价与专家评价相结合 100 分制，量化评分，能更好地通过评价，促进教师改进教学方式，见表 1–1。

表 1-1　幼儿园 STEM 课堂教学评价量表

评价内容 一级指标	二级指标	三级指标	评价标准	分值	核心素养能力点	评价
STEM项目教学过程	问题的真实性	明晰性	问题发现基于真实环境，引导幼儿质疑思辨，提出要解决的问题	4分	人文情怀	
			培养知识建构能力、创新创造能力、解决问题能力、沟通合作能力及培养国际视野等在教学目标中的体现	4分	国际理解	
			STEM 项目体现培养积极的性格、人格、正确的三观	4分	社会责任	
		适切性	教学目标匹配幼儿的身心特点、认知水平等且略有提高，贴合最近发展区理论	4分	勇于探究	
			STEM 课程尽量适合本园园情、园本课程、当地人文发展等	4分	人文积淀	
	教学支架的多样性	情境设计支架	引入问题情境交融、信息量大、有启发性，教师能准确把握 STEM 教育的内涵	4分	信息意识	
			项目实施支架设计生动活泼，能激发幼儿的探究热情	4分	勇于探究	
		问题设计支架	所创设的问题，能有效培养幼儿的设计思维和创新思维	4分	理性思维	
			问题解决方案的设计具有科学性、可行性，逻辑性强	4分	问题解决	
		资源工具支架	提供适合课程的丰富学习资源及技术工具，满足课程需求	4分	信息意识	
			教师能熟练使用技术应用器材，并能熟练指导幼儿使用	4分	技术应用	
		答疑支持支架	每个幼儿的学习表现，教师都能及时关注到，并加以激励	4分	人文情怀	
			教师能引导幼儿进行深入思考，和幼儿一起进行探索，释疑解惑	4分	批判质疑	
	问题的挑战性	挑战高度	解决问题的难度，略高于幼儿的原有水平，培养幼儿的高阶思维	4分	问题解决	
		解决问题的多样性	在解决问题的过程中，幼儿综合运用多种途径寻找解决问题的办法	4分	问题解决	
	评价的科学性	全体性	依据多元智能理论，关注每个幼儿的学习情况，做到因材施教	4分	珍爱生命	
		全面性	全方位、多角度地评价幼儿，重视幼儿的个性发展，能提供个性化教学反馈与指导等	4分	珍爱生命	
		客观性	学习成效明显，提出的问题被解决	4分	问题解决	
			学习成果有展示平台，引导幼儿客观评价自己的能力并善于反思	4分	勤于反思	
STEM项目教学结果	多学科融合性	科学原理达成	本项目涉及的科学原理、相关知识等已融会贯通	4分	自我管理	
		项目完成达成	通过多学科知识融合，任务完成度高	4分	问题解决	
	创新能力的培养	能力目标达成	能学以致用，可以分析问题、解决问题，构建新的认知	4分	理性思维	
			在课堂中解决问题时，善于运用工程师思维，体现创新意识	4分	勇于探究	
		育人目标达成	以幼儿的品德为成长目标，提高幼儿的科学、技术、工程、数学等融合素养	4分	人文情怀	
			培养幼儿勇敢创新、大胆质疑、不畏困难等个性心理品质	4分	健全人格	
总分						

STEM课堂学习评价主要通过每个学习过程的评价落实,来最终达成学习目标。所以,在每个课节学习任务完成以后,针对学习任务,教师可以灵活设置评价量表,让幼儿进行评价,以检测本课学习成果的达成度。下面以"课例3:小小造船师"为例作说明。

第1课 船,我们想知道

活动目标

1. 查阅船的相关资料,了解船的基本类型及构造。
2. 运用调查记录表,进一步学习、掌握船体的特征。
3. 对船的探究充满兴趣,能在班级中进行分享交流,积极参与相关活动。

学习评价

教师对幼儿的交流、讨论情况,以及调查完成情况等进行评价,并引导幼儿对自己和他人的表现进行评价,见表1–2。

表1–2 "船,我们想知道"环节评价表

评价内容	评价星级				教师评价	幼儿自评	幼儿互评
了解生活中常见的船的种类,以及船的构造及作用	☆	☆☆	☆☆☆	☆☆☆☆			
能够积极调查船的相关资料,并能在班级中进行分享交流	☆	☆☆	☆☆☆	☆☆☆☆			
对船的探究充满兴趣,积极参与相关活动	☆	☆☆	☆☆☆	☆☆☆☆			
总评							

第2课 造什么样的船

活动目标

1. 知道不同功能、不同情况下对船的需求不同,能根据实际情况设计船。
2. 通过交流、讨论,大胆分享自己的想法,和组员共同绘制设计图。
3. 能确定搭建的主题,选择合适的材料造船,并根据需求进行分工。

学习评价

教师对幼儿的交流、讨论情况,以及设计图完成情况等进行评价,并引导幼儿对自己和他人的表现进行评价,见表1–3。

表 1-3 "造什么样的船"环节评价表

评价内容	评价星级				教师评价	幼儿自评	幼儿互评
知道不同功能、不同情况下对船的需求不同，能根据实际情况设计船	☆	☆☆	☆☆☆	☆☆☆☆			
积极参与小组活动，大胆分享自己的想法，语言表达清楚，观点明确	☆	☆☆	☆☆☆	☆☆☆☆			
能确定搭建的主题，能选择合适的材料造船，并根据需求进行分工	☆	☆☆	☆☆☆	☆☆☆☆			
总评							

第 3 课　造能浮起来的船

活动目标

1. 根据设计图分享设计思路、尝试解决发现的问题。
2. 利用不同的材料制作船，大胆探索船的沉与浮。
3. 发展幼儿仔细观察、分析问题、探究问题的习惯与能力，感受与同伴合作的快乐。

学习评价

教师对幼儿的交流、讨论情况，以及创意制作完成情况等进行评价，并引导幼儿对自己和他人的表现进行评价，见表 1-4。

表 1-4 "造能浮起来的船"环节评价表

评价内容	评价星级				教师评价	幼儿自评	幼儿互评
利用不同材料制作美观、符合原理的船	☆	☆☆	☆☆☆	☆☆☆☆			
在遇到问题时，不轻易放弃，相互讨论，表达想法，创造性地提出解决问题的办法	☆	☆☆	☆☆☆	☆☆☆☆			
有对作品测试的认知，大胆探索船的沉与浮，根据交流、讨论的结果对作品进行改进和优化，具备一定的工程意识	☆	☆☆	☆☆☆	☆☆☆☆			
养成仔细观察、分析问题、探究问题的习惯，感受与同伴合作的快乐	☆	☆☆	☆☆☆	☆☆☆☆			
总评							

第 4 课　我是小小造船师

活动目标

1. 通过迭代更新，感知船在水中的沉与浮现象。
2. 分小组进行展示汇报，分享项目实施过程中的心得和收获。
3. 能够客观、公正地对作品进行评价，发展幼儿的逻辑思维能力及团队协作能力。

学习评价

教师要关注每个幼儿的学习过程，进行拍照记录，适时给予评价和鼓励，并及时补充材料，撰写学习故事及观察、记录、评价幼儿，并引导幼儿对自己和他人的表现进行评价，见表1-5。

表 1-5　"我是小小造船师"环节评价表

评价内容	评价星级				教师评价	幼儿自评	幼儿互评
小组间合作意识强，能够较好地展示、分享项目实施的心得和收获	☆	☆☆	☆☆☆	☆☆☆☆			
能对船的沉与浮现象进行测试，总结发现的问题	☆	☆☆	☆☆☆	☆☆☆☆			
能与其他组交流意见，对本组的作品和其他组的作品进行评价	☆	☆☆	☆☆☆	☆☆☆☆			
总结经验以及提出建议，对作品的升级、更新，说出自己的想法	☆	☆☆	☆☆☆	☆☆☆☆			
总评							

说明：

（1）每个课节学习目标不一样，所以评价指标也不一样。评价指标随课节的学习目标变动，是灵活的，不是固定的。

（2）每次评价，既有任务硬目标的评价，也有合作能力等软实力的评价，有利于培养幼儿的合作能力等综合素养。

（3）灵活评价的优势：评价更有针对性，有利于学习目标的精准实现，通过每个过程的落实，发挥评价的调节作用。

1.1.6　课程设置及开发计划

一、学段设计

幼儿园小班、中班、大班均设计 STEM 课例集，每个年龄段 1 册。

二、单元与课时

每册有 15 个课例，分三类；每类 4~6 个课例，每个课例含 2~4 个课时。单元分类设置，依据每个学段幼儿的思维特点，难度呈螺旋式上升。

1.2 课例编写依据及体例解读

1.2.1 课例设计的理论依据

一、基于中班幼儿的生理发展水平

中班幼儿的神经中枢发育较快，身体动作的稳定性与灵活性会增强，幼儿的手部动作更加灵巧，能剪出简单的图形并且边线吻合，幼儿的精细动作质量明显提高，能够灵活操作并坚持较长时间。《3—6岁儿童学习与发展指南》中指出，给幼儿提供丰富的材料和适宜的工具，支持幼儿在游戏过程中探索并感知常见物质、材料的特性和物体的结构特点。因此中班STEM活动应注重操作和探究，选择适合幼儿的材料和项目内容开展活动。这有利于促进他们的动作细节的改进，提升动作的协调性，增强小肌肉群的锻炼。

二、注重中班幼儿的心理发展特点

喜欢玩并且会玩是这个年龄段幼儿最大的特点，他们已能计划游戏的内容和情节。中班幼儿特别活泼好动，视野也更开阔，活动的积极性更高。中班幼儿心理发展随着年龄的增长比上小班时更成熟，对任务的理解和认知水平明显提高，需要更为丰富充实的活动空间。因此中班STEM活动要关注幼儿的心理需求，不仅要善于引导幼儿积极探索材料，观察比较不同的事物或现象，在比较中发现、总结其特征，还要让幼儿能够开心、快乐、积极地参与其中，这样既锻炼了身体，活动能力也得到提升。

三、重视中班幼儿的思维发展阶段

中班幼儿思维最明显的特征是具体形象性与表象联想性思维。他们常常不依靠已有的常识性的表象来解决简单的问题，而是依靠实物的形象。因此实物的形象会影响中班幼儿的思维以及对问题的理解。这个时期，幼儿更关注周边的生命活动和自然现象，抽象思维刚萌芽，语言表达能力发展迅速；有好奇心，认知能力也快速提高，自主性与主动性、同伴交往需求与能力、以及做一件事的持久性都在不断提升，行为会有一定的目的性。他们愿意在集体生活中遵守一定的规则，执行简单的任务，因此这个阶段是锻炼幼儿设计思维的最佳时期。

四、尊重幼儿个体发展的差异与需求

由于每个幼儿都有不同的家庭环境、不同的教育背景、不同的遗传因素等，所以他们具有差异性是正常现象。我们要尊重幼儿的个体差异，并努力根据幼儿的个体差异科学合理地开展幼儿STEM教育。中班STEM活动可以让教师更多关注幼儿自身思维的发展，教师与幼儿有更多的互动机会。师幼互动是关注幼儿个体差异的重要路径，能够在细节中发现每个幼儿的特点和长处，实现尊重幼儿个体差异的目标。

根据中班幼儿的思维特点和认知规律，STEM项目设计以培养设计思维为主线，注重培养幼儿系统思维和解决问题的能力。

1.2.2 关于设计思维的概述

一、设计思维的含义

设计是设计师为解决实际问题而进行的技术性创作和呈现。在设计实践中，人们慢慢总结出一套以人为中心，鼓励人们积极探索和发现，并能解决实际问题的创新型方法框架——设计思维。

二、设计思维的路径

我们只有在充分理解设计思维后，才能够运用设计思维，解决我们生活中的复杂问题。斯坦福大学的Hasso-Plattner设计学院（d.school）提出五阶段设计思维模型：共鸣或移情、定义、构思、构建原型和测试，如图1-1所示。

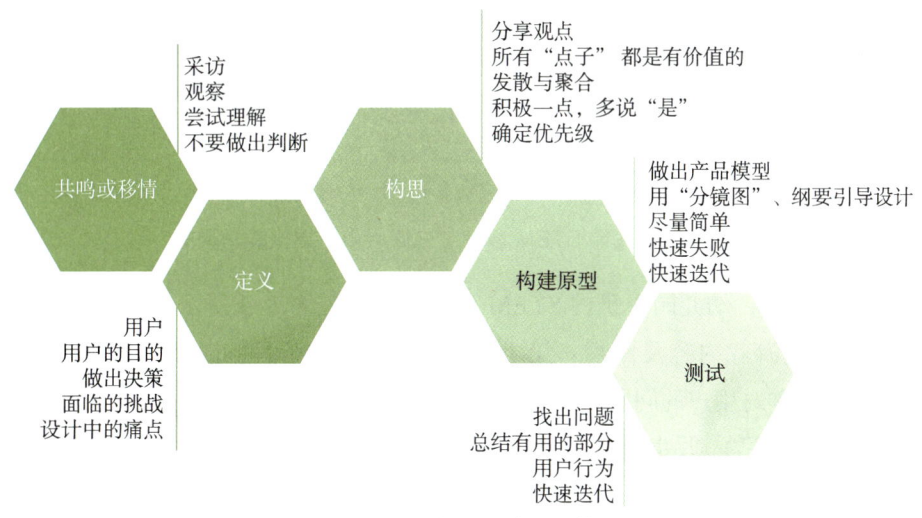

图1-1 五阶段设计思维模型

第一个阶段是共鸣或移情，最重要的是尽可能全方位深入调查用户需求，包括：他们遇到的表面问题、他们的表层需求、他们目前的解决方案、他们实际需要解决的问题。

第二个阶段是定义，即阐述用户的需求和问题。在搜集了用户信息之后，需要明确你

要解决的问题是什么，这里需要对用户的问题和需求进行深层次的提炼。

第三个阶段是构思，即大胆假设、创造解决方案。核心是彻底放开，突破现有的束缚，想法不应该局限于可行性上，头脑风暴是个不错的方法。

第四个阶段是构建原型，即开始创建解决方案。原型不同于实际产品，它提供了一种最小可行方案。通过用户对它的反应，设计者可以进行改进，逐渐逼近最优解决方式。

第五个阶段是测试，即验证你的解决方案。将原型变为实际的可以交互的产品，这一阶段的产品依然不是最终方案，在测试中依然要对用户的体验和行为进行分析，如果遇到明显的阻力，需要回到前面的阶段。

注意：这五个阶段没有严格的时间和逻辑顺序，它们不是线性的迭代。在很多情况下，后面阶段提供的信息，可以帮助回到前面的阶段进行改进。设计者要不断地重新理解用户和用户的问题，并重新定义用户真正的问题和需求。

1.2.3 基于设计思维的 STEM 项目的设计体例

本书课例聚焦设计思维培养，根据幼儿的思维特点和认知规律，项目难度、活动难度均略有提高。每个项目一般分为四课，以闯关游戏的方式设计。通过多年研究，我们以项目式学习为导向，总结提炼了幼儿园 STEM 教育"三联六步"课堂教学模式，如图 1-2 所示。

图 1-2 幼儿园 STEM 教育"三联六步"课堂教学模式

依据此教学模式，幼儿园中班的 STEM 课例体例，如图 1-3 所示。

第 1 课的闯关游戏内容及流程：第 1 课是共鸣或移情阶段，也是定义阶段，了解实际需要解决的问题，并对用户的问题和需求进行深层次的提炼，包括提出问题（"看一看，提问题""摸一摸，再了解"）、收集信息（亲子调查、调查分享）几个环节。提出问题环节中，问题必须源自真实情境，并且是幼儿自己提出来的；实验探究、收集信息环节，与小班相比，中班幼儿的动手和调查能力略有提高，虽然离不开老师和家长的引导，但是要更多放手让他们自己去完成，不可以包办代替。让幼儿在大人的引导支持下逐步学会做调查，学会在错综复杂的信息中找到问题的核心，确定需要解决的问题。调查分享环节，重在培养幼儿的合作意识和分享意识，培养幼儿的表达能力，锻炼胆量，尽可能让每个幼儿都有发言的机会。

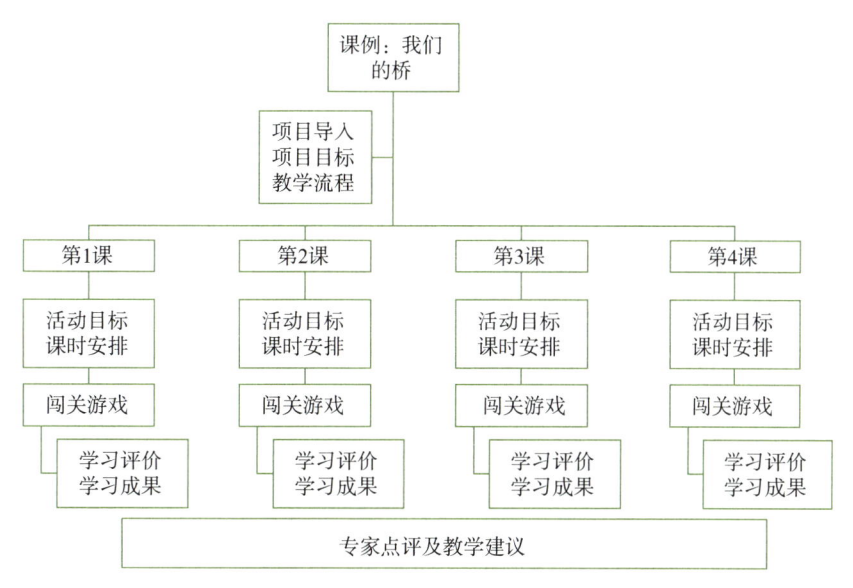

图 1-3　幼儿园中班的 STEM 课例体例

第 2 课的闯关游戏内容及流程：第 2 课是构思阶段，包含科学小探索、设计方案（我设计的桥、分享设计图）等环节。科学小探索环节，就是做小实验，教师要做好引导，提供足够的材料，让幼儿在不断的试错中掌握相关的科学原理，对问题进一步进行提炼。做到做中学，培养孩子的高阶思维和科学素养。设计方案环节，重在设计解决问题的方案，要做好分工，决策者、管理者、设计者和建造者，角色不同，分工不同，培养幼儿的设计思维。需要教师巡回指导，根据幼儿的创意，考察幼儿设计的合理性和实用性。让幼儿像科学家一样去思考问题。分享方案环节，意在展示介绍创意的功能、作用及设计意图的同时，培养幼儿的合作能力、语言表达能力，在幼儿的相互评价中发现问题，完善设计方案，培养批判思维，敢于质疑和挑战。

第 3 课的闯关游戏内容及流程：第 3 课是构建原型阶段，包含材料选择、创意制作、解决问题三个环节。材料选择是指依据幼儿的设计图，选择所需建构材料。如在"我搭建的桥"这一课中，先分组讨论问题：根据本组的设计图，确定所需的材料和工具有哪些；再同质性想法归类，分为阿基米德积木片组、碳化积木组、雪花片组、砖块积木组四个组。创意制作环节，是依据设计图，用所选材料搭建作品，做完后需要有测试验证，像工程师一样检验产品质量。

第 4 课的闯关游戏内容及流程：第 4 课是测试阶段，将原型变为实际的可以交互的产品，包含评价与分享、迭代更新几个环节。评价与分享环节，幼儿通过上台介绍自己的作品，并演示作品，同时请其他组幼儿进行评价，能发现不足。迭代更新环节，是指幼儿根据分享中发现的不足，进行迭代更新，形成 2.0 产品。幼儿在这样的情境中，其创造、分析、评价、综合等高阶思维容易成长起来。

几个特别的关键环节设置。整个项目的前面设置了"项目导入"和"项目目标"。"项目导入"主要是呈现本项目是在什么样的真实情境中产生，幼儿提出了什么样的问题，同时提出设计本项目的理论依据，这是项目来源的重要依据；"项目目标"主要是阐述本项目要解决什么问题，培养幼儿的什么能力，达成什么目标，是项目的灵魂，也是完成项目的风向标。

每一课前面设置了"活动目标"和"课时安排"。"活动目标"是指本课要完成的任务及内容，做到有章可循。结尾设置了"学习评价"和"学习成果"，"学习评价"指标要对应前面的"活动目标"，便于对每课的目标实现程度进行监测，同时明确本课的学习成果，实现教学评一体化。最后要附上"专家点评及教学建议"。专家们见多识广，他们的点评和建议一针见血，让我们感受到STEM教学的技艺无止境，教学创意无极限。通过专家指点迷津，教师能进一步领悟STEM教育的内涵，使之能为更好地做一名合格的STEM教师做好准备。

1.2.4 课例部分章的设置

《幼儿园STEM精品课程资源课例（中班）》的课例部分，根据课例类型，分为3章，章的设置如图1-4所示。

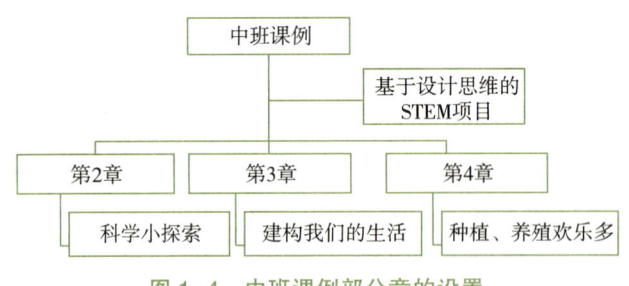

图 1-4 中班课例部分章的设置

第2章，科学小探索：聚焦身边的科学现象，通过科学探究认识世界，包括6个课例。STEM课程把科学探究当作中心，引导幼儿发现问题，实践探索，得出结论，这与科学研究的过程非常相似。在幼儿已有知识经验的基础上，教师提供有价值的操作材料，让他们进一步探究和学习，从而达到科学探究的目的。在与幼儿互动时，教师可以提出问题并与幼儿对话，进一步拓宽幼儿的科学探究范围，提高幼儿的思维能力，从而激发幼儿更深入地思考。

第3章，建构我们的生活：聚焦大型建构玩具，关注身边的人和事，关注生活，包括4个课例。建构游戏是指幼儿操作各种建筑与结构材料，开展建筑和构造活动，并反映现实生活的游戏。建构游戏可以发展幼儿的设计思维与科学探究能力。

第4章，种植、养殖欢乐多：聚焦动物饲养、动植物生长，关心动植物的生存环境，包括5个课例。劳动实践STEM项目利用丰富的自然资源和生活经验，让幼儿通过实际的体验和探索，从广阔的自然界中获取更多的知识经验。以幼儿园、社区、大自然为媒介，通过与人、物和自然的主动互动，开展聚焦种植区、养殖区动植物生长，关心动植物生长、生存环境等一系列具有特色的主题探究劳动活动。

第 2 章

科学小探索

- 课例1：我们的桥
- 课例2：探索磁力片的秘密
- 课例3：小小造船师
- 课例4：自制浇花器
- 课例5：火箭飞上天
- 课例6：有趣的瓶子漩涡

2.1 课例1：我们的桥

课例提供： 合肥市合铁家园幼儿园　李黎
课例指导： 合肥市瑶海区教育体育局　光善慧

项目导入

《3—6岁儿童学习与发展指南》指出，要珍视游戏和生活的独特价值……最大限度地支持和满足幼儿通过直接感知、实际操作和亲身体验获取经验的需要。游戏对于幼儿发展的重要性毋庸置疑，而建构游戏能有效促进幼儿的动作发展、认知水平、创造力、合作能力等多领域的发展。

幼儿园沙水区大改造，新建了一座小桥，受到了孩子们的热烈欢迎。"新建了一座小桥！""这座桥跟滑梯上的桥不一样！""这座桥像月亮一样！"在玩积木搭建游戏时，勒勒说："我要搭建大桥，像沙水乐园里的那样！"英英说："我也要搭座桥，和你的不一样！"……孩子们对于搭建"桥"产生了极大的兴趣，于是一个关于桥的故事开始了……

项目目标

★科学（S）

查找与桥有关的资料，知道桥的基本结构，尝试搭建各种各样的桥，培养幼儿的科学意识和思维，以及创造性解决问题的能力。

★技术（T）

能绘制桥的设计图，并综合运用各类搭建技能（架空、围合、斜式连接、垒高、封顶）进行搭建，培养幼儿的设计思维与动手实践的能力。

★工程（E）

能绘制桥的设计图（包含所需材料、外观、结构等），并能按照设计图进行搭建；运用多种形式对搭建作品进行美化，并能优化升级桥的外观及结构。学会解决问题，培养幼儿的工程思维与整合信息的能力。

★数学（M）

在搭建过程中，对桥的数、量、形、空间关系等进行探究，能运用数学思维解决问题。

适当把握材料应用的多少，不浪费；适当选用材料、工具；培养幼儿的逻辑思维能力与空间想象能力。

教学流程

"我们的桥"教学流程如图 2-1 所示。

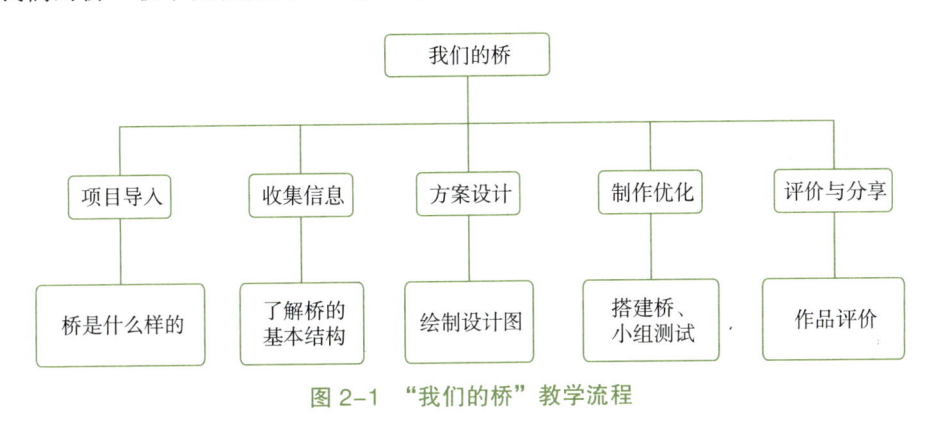

图 2-1 "我们的桥"教学流程

第 1 课　各种各样的桥

活动目标

1. 对"桥"感兴趣，能积极探究生活中常见的桥，并了解桥的作用与功能。
2. 结合已有生活经验，大胆讲述自己见过的桥。

课时安排

2 课时，50 分钟。

提出问题

游戏活动 1：看一看，提问题

从沙水区回到教室，教师出示"各种各样的桥"的图片及播放视频，让幼儿知道生活中常见的桥的种类，如梁式桥、拱式桥、钢架桥、悬索桥、斜拉桥等，如图 2-2 所示。幼儿了解不同桥使用的不同建造材料、桥的各种功能等。

图 2-2　各种各样的桥

在观察后，教师请幼儿分组讨论，并进行交流，让幼儿提出自己感兴趣的有关桥的话题，例如：

1. 我们走过什么样的桥？
2. 桥有什么结构特点？
3. 我们应该怎么建桥？
4. 桥为什么要有桥洞？

游戏活动 2：摸一摸，再了解

分组讨论后，幼儿带着已有的问题开始走一走幼儿园的桥，如图 2-3 所示。在走的过程中，幼儿观察桥的结构特点："桥墩""桥面"等，并在观察后讨论桥墩与桥面的作用。教师出示"桥"的模型，请幼儿看一看，摸一摸，感受桥的结构特点。幼儿提出建桥的构想：桥墩至少要有两个才能稳固，桥面要有坡度。

图 2-3　幼儿园的桥

收集信息

游戏活动 3：亲子调查

教师鼓励亲子运用多种方式（教师适当引导：网络搜索、手机查询、访问相关人员、科技馆实地考察等）共同完成调查，进一步感知桥的基本结构特点。

教师发放各种各样的桥调查表，见表 2-1。

表 2-1　各种各样的桥调查表

姓名：_____　　班级：_____　　时间：_____

我见过的桥	我走过的桥	桥的作用	桥的基本结构	从哪儿开始搭建

游戏活动 4：调查分享

教师请幼儿分享自己的调查内容，并进行集体讨论，如图 2-4 所示。

图 2-4　幼儿分享桥的调查内容

学习评价

教师对幼儿的交流、讨论情况，以及调查完成情况等进行评价，并引导幼儿对自己和他人的表现进行评价，见表 2-2。

表 2-2　"各种各样的桥"环节评价表

评价内容	评价星级				教师评价	幼儿自评	幼儿互评
了解生活中常见的桥的种类以及桥的作用	☆	☆☆	☆☆☆	☆☆☆☆			
主动调查与桥相关的资料，并能在班级中进行分享	☆	☆☆	☆☆☆	☆☆☆☆			
能与同伴相互合作共同完成任务	☆	☆☆	☆☆☆	☆☆☆☆			
对桥的探究充满兴趣，积极参与活动	☆	☆☆	☆☆☆	☆☆☆☆			
总评							

学习成果

幼儿通过调查了解了生活中常见的桥的种类，知道了桥的基本作用，初步了解了桥的基本结构，如图 2-5 所示。

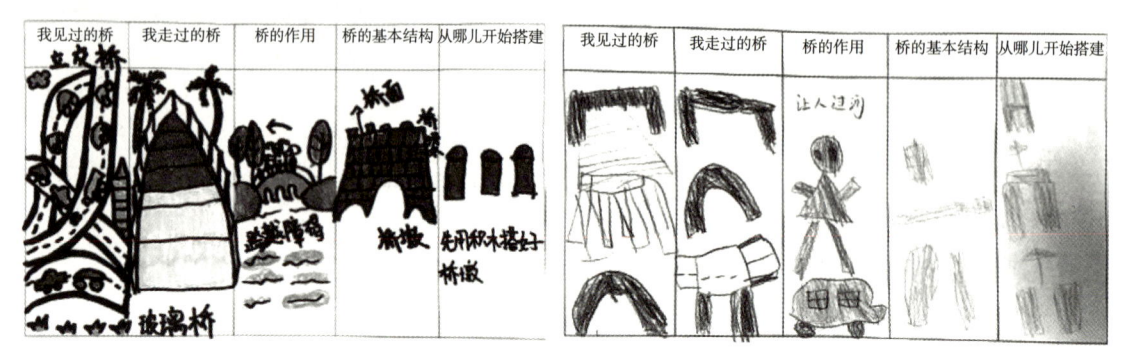

图 2-5 桥的调查内容

第 2 课　我设计的桥

活动目标

1. 知道不同生活情况下需要的桥的种类不同，并尝试根据不同生活情况设计不同的桥。
2. 小组明确搭建目标，绘制建桥设计图。

课时安排

2 课时，50 分钟。

科学小探索

游戏活动 1：分组探索游戏

1. 教师出示不同场景，如公园、马路、长江、小河、山谷等，请幼儿根据已知桥的种类选择适合相应情境的桥，并请幼儿说一说为什么要选择这种桥；如果请你来建造这种桥，准备选择什么材料，怎么搭建。

2. 教师引导幼儿在 STEM 教室，通过对各种材料的实验，感知材料的软硬度及特点，尝试搭建桥。最终，幼儿确定阿基米德积木片、碳化积木、雪花片、砖块积木等材料适合搭建桥。

3. 教师鼓励幼儿根据自己感兴趣的桥的种类自主分组，如斜拉桥组、拱桥组、天桥组、平板桥组等，确定小组成员以及要搭建的桥的种类。

小组成员确定后，各小组进行商讨，确定本小组感兴趣的桥可以在哪些情境下使用。

第 2 章　科学小探索　　25

设计方案

游戏活动 2：我设计的桥

1. 幼儿分组，根据本组感兴趣的桥，小组成员开始绘制桥的设计图（见表 2-3），并进行讨论，如图 2-6 所示。

表 2-3　桥的设计图

_____组设计稿
小组成员
所需材料
我的设计

图 2-6　小组讨论、绘制桥的设计图

2. 每个小组通过投票，确定最终的桥的设计图，如图 2-7 所示。

图 2-7　小组投票选出桥的设计图

游戏活动 3：分享设计图

在选出设计图后，小组成员上台介绍桥的设计图，如图 2-8 所示。

1. 介绍搭建的桥用在哪种场合。
2. 介绍选择用什么材料搭建。

图 2-8　幼儿介绍桥的设计图

学习评价

教师对幼儿介绍设计图的交流、讨论情况进行评价，并引导幼儿对自己和他人的表现进行评价，见表 2-4。

表 2-4　"我设计的桥"环节评价表

评价内容	评价星级				教师评价	幼儿自评	幼儿互评
知道不同情况下对桥的需求不同，能根据不同情况设计桥	☆	☆☆	☆☆☆	☆☆☆☆			
能积极参与小组活动，在小组中大胆表达自己的想法，语言表达清楚	☆	☆☆	☆☆☆	☆☆☆☆			
能确定搭建的主题内容，并根据需求进行人员分工	☆	☆☆	☆☆☆	☆☆☆☆			
知道搭建桥的顺序与步骤，明确搭建方案	☆	☆☆	☆☆☆	☆☆☆☆			
总评							

学习成果

幼儿通过画设计图明确了搭建的桥的种类。小组成员探讨了人员分工与所需要的材料，如图 2-9 所示。

图 2-9　幼儿分组设计的桥

第 3 课　我搭建的桥

活动目标

1. 根据设计图，分工合作完成搭建任务。
2. 小组成员积极动脑，采用多种方式解决搭建中遇到的各类问题。

课时安排

2 课时，50 分钟。

材料选择

游戏活动 1：选择搭桥所需材料

小组商讨确定搭建场地，并选择合适的搭建材料，有阿基米德积木片、碳化积木、雪花片、砖块积木等，如图 2-10 所示。

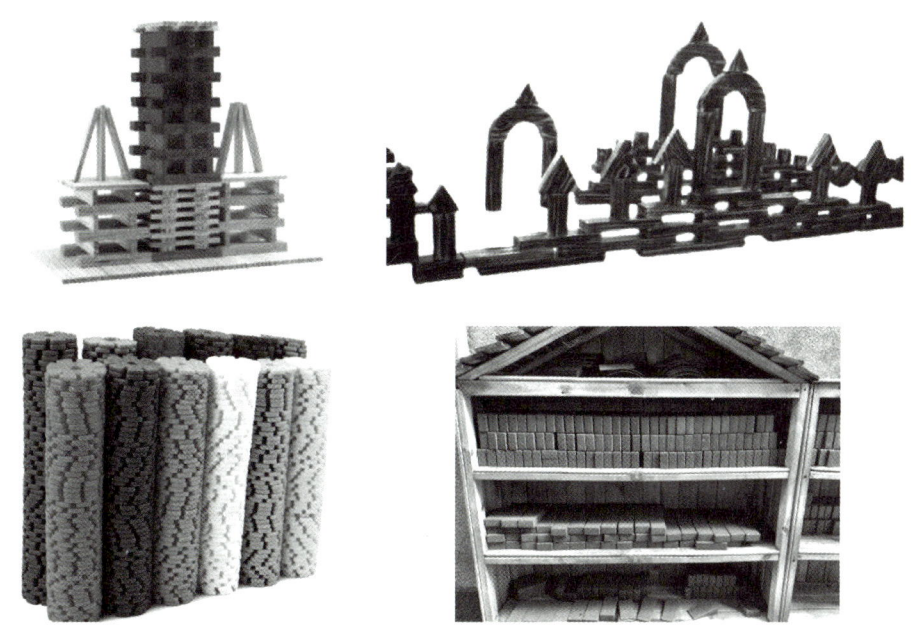

图 2-10　搭建桥的材料

创意制作

游戏活动 2：我来造桥啦

小组合作，完成项目。

1. 幼儿回顾桥的基本结构，确定桥的搭建步骤。
2. 讨论问题：搭建桥需要做哪些事情？根据每个成员的特点，做好分工。
3. 突破难点：小组确定桥墩的样式和桥的高度，测量两个桥墩的距离。
4. 幼儿制作，教师巡回指导。

解决问题

游戏活动 3：我的发现及解决策略

幼儿在搭建桥的过程中发现了问题，并分组介绍解决策略，见表2-5。

表2-5 幼儿在搭建桥的过程中发现的问题及解决策略

制作项目	发现的问题	解决策略
平板桥	桥墩造型简单，且容易倒塌，积木片不够长，桥面无法进行连接	在搭建桥墩时可以采用不同的搭建形式，注意桥墩的高矮，保证一致，改变连接桥面的形式，将积木片一点点延长进行连接，稳定两个桥墩的连接
拱桥	碳化积木不够牢固，当人站上去时容易倒塌，且造型不对称	碳化积木可以进行组合拼插，这样可以让整个桥的结构更加稳定，拼插的积木片可以让人站上去，也更能节省积木片
斜拉桥	雪花片拼插不上，桥的造型不对称、不美观	改变雪花片的组合形式，在保证美观的同时，实现结构对称
天桥	砖块积木较短，不易进行延长、连接	桥墩的砖块数量呈递减模式，增加桥墩的数量，使短砖块能稳稳地进行连接

学习评价

教师对幼儿的交流讨论情况以及搭建完成情况等进行评价，并引导幼儿对自己和他人的表现进行评价，见表2-6。

表2-6 "我搭建的桥"环节评价表

评价内容	评价星级				教师评价	幼儿自评	幼儿互评
根据设计图搭建，在搭建过程中小组成员相互合作、分工明确、各司其职	☆	☆☆	☆☆☆	☆☆☆☆			
在遇到问题时，不轻易放弃，能充分讨论，创造性地提出解决问题的办法	☆	☆☆	☆☆☆	☆☆☆☆			

(续)

评价内容	评价星级				教师评价	幼儿自评	幼儿互评
积极主动地进行小组间的学习与交流，根据学习情况对作品进行改进	☆	☆☆	☆☆☆	☆☆☆☆			
能在班级中分享搭建中遇到的问题以及解决办法	☆	☆☆	☆☆☆	☆☆☆☆			
总评							

学习成果

幼儿通过合作完成了桥的搭建，在发现问题、解决问题的过程中提升了建构技能以及创造性地解决问题的能力，如图 2-11 所示。

图 2-11　幼儿分组搭建的桥

第 4 课　展示我的风采

活动目标

1. 能在班级中大胆介绍本组的搭建作品，并进行评价。
2. 根据同伴及老师的评价对搭建作品进行升级改造。

课时安排

1 课时，25 分钟。

评价与分享

游戏活动 1：分享我搭建的桥

四个小组分别上台，进行展示汇报。

1. 幼儿展示作品，进行验证。
2. 各小组成员分别根据自己负责的部分进行介绍（设计、材料、技术、问题等），并进行简单的测试、操作演示。（桥能稳定地进行连接，桥面上可以放置小型的物件等。）

3. 教师对幼儿进行有效提问：在制作过程中遇到了哪些困难？是如何解决的？有什么新的发现？桥的作品展示见表2-7。

表2-7　桥的作品展示

小组	材料	桥的作品	功能及特点
平板桥组	阿基米德积木片		适合在河流两岸建造，桥的造型奇特、有创意，桥墩稳定
拱桥组	碳化积木		适合在山中用于连接河流两岸，桥面的结构稳定，桥的体积较大，能够让人站上去
斜拉桥组	雪花片		适合在大江、大河上建造，桥的构造简单，体积较小，可以随意取放
天桥组	砖块积木		适合城市街道，桥四通八达，桥墩使用数量最多

迭代更新

游戏活动2：玩一玩，测一测

1. 幼儿开始测试自己建造的桥的功能，看看桥的结构是否稳定，并邀请老师加入测试，如图2-12所示。

图2-12　幼儿测试桥的稳定性

2. 在测试中发现问题，小组开始讨论，如何解决问题，迭代更新，造出更完善的桥。

第 2 章 科学小探索

⭐ 学习评价

教师要关注每个幼儿的学习过程，进行拍照记录，对幼儿在分享、测试过程中的表现情况等进行评价，并引导幼儿对自己和他人的表现进行评价，见表 2-8。

表 2-8 "展示我的风采"环节评价表

评价内容	评价星级				教师评价	幼儿自评	幼儿互评
听取其他组意见，对自己组的作品和其他组的作品进行评价	☆	☆☆	☆☆☆	☆☆☆☆			
能对桥的稳定性进行测试，发现问题	☆	☆☆	☆☆☆	☆☆☆☆			
能在班级中展示小组搭建的作品	☆	☆☆	☆☆☆	☆☆☆☆			
积累经验以及接受建议，对今后的升级改造进行总结	☆	☆☆	☆☆☆	☆☆☆☆			
总评							

⭐ 学习成果

幼儿能够在班级中客观地对本组与其他组的作品进行评价，针对评价内容总结搭建经验，说出今后的优化、再升级想法，如图 2-13 所示。

图 2-13 各组展示制作的桥

专家点评及教学建议

点评专家： 合肥市瑶海区教育体育局　光善慧

一、整体评价

本次项目活动从发起到开展，都能顺应幼儿的话题讨论并且遵循幼儿的心声。在这一过程中，教师紧随幼儿的兴趣点，在不断发现问题并解决问题的过程中获得 STEM 活动带来的乐趣。在活动中，幼儿先是了解各种各样的桥，在此基础上，不仅知道了桥的基本结构，并且能够成功地设计并完成搭建任务。通过这样的建构活动，幼儿一方面熟练掌握各种各样的搭建技能，另一方面在小组合作中进一步提升数学思维、工程素养、技术掌握、美化作品、科学探索等方面的能力。幼儿在思考—设计—发现问题—解决问题—体验成功的过程中，进一步培养了良好的学习品质以及解决问题的能力。

二、教学建议

1. 在搭建桥的过程中，可以多增加一些综合材料的使用与搭建活动。幼儿在对不同材料的探索、使用中，所收获的搭建经验以及对不同材料的综合运用能力都会得到提升。不同材料需要幼儿使用不同的搭建方法，而在从失败到成功的过程中，幼儿对搭建技能的掌握、手脑的配合等都是在玩中学的，在玩中收获的，这种积累经验的方式才是适合幼儿学习的方式。

2. 不同小组在搭建中遇到了不同的问题，教师可以以此为教育契机进行深入探索，比如"估算两个桥墩的距离""测量积木的长度""比较桥墩的高矮"等问题。这种在搭建过程中的具体问题，每个小组该如何解决，教师如何支持与回应，怎么帮助幼儿通过不断调整、改造，最终完成搭建，需要教师深入观察与解读。教师要在细致的观察中，走进幼儿的游戏过程，及时捕捉游戏中的"生长点"，这样才能更好地提升幼儿的数学思维、工程素养、技术掌握、美化作品、科学探索等方面的能力。

3. 安全建议。在验证桥的稳固性时，教师要提醒幼儿注意安全。

2.2　课例2：探索磁力片的秘密

课例提供： 合肥市信地城市广场幼儿园　吴海云、马丽
课例指导： 合肥市瑶海区教育体育局　光善慧

项目导入

《3—6岁儿童学习与发展指南》中指出，幼儿科学学习的核心是激发探究兴趣，体验探究过程，发展初步的探究能力。《幼儿园教育指导纲要（试行）》中指出，教师应成为幼儿学习活动的支持者、合作者和引导者。因此，教师要耐心倾听、努力理解幼儿的想法与感受，善于发现幼儿感兴趣的事物，积极引导、与幼儿形成合作探究式的师生互动。

在玩磁力片的过程中，嘉嘉小朋友无意间发现，磁力片能吸附在桌子上的铁盒上，他兴奋地和旁边的小朋友分享着自己的发现。磁力片还能吸什么？磁力片里面有什么？磁力片还能怎么玩？小朋友们关于磁力片产生了更加浓厚的兴趣，萌发出想继续探索的愿望。我们和幼儿一起走进磁力片的世界，探索磁力片的多种玩法吧！

项目目标

★科学（S）
1. 探索并感知磁力片的大小、颜色、形状等基本特征。
2. 了解磁力片里有磁铁，通过猜想、操作、讨论，知道磁铁能吸住含铁的物体。
3. 初步感知磁铁同极相斥、异极相吸的原理。尝试利用磁力片中磁铁同极相斥的特性，进一步感受磁力，培养幼儿的科学意识和思维，以及创造性地解决问题的能力。

★技术（T）
1. 在反复操作的过程中培养耐心，增强手指关节的灵活性。
2. 感受磁力片从平面到立体的神奇变换瞬间，激发想象力。
3. 能绘制立体造型设计图，并综合运用各类搭建技能（架空、围合、斜式连接、垒高、封顶等）进行搭建，培养幼儿的设计思维与动手实践的能力。

★ 工程（E）

1. 探索磁力片的提拉特性，并尝试用提拉功能搭建立体造型。
2. 在拼搭过程中积极探索、勇于创新，能探索出磁力片的新玩法。
3. 学会解决问题，培养幼儿的工程思维与整合信息的能力，体验创作的快乐，提升自信心和成就感。

★ 数学（M）

1. 在对形状认识的基础上，感知图形之间的组合关系。
2. 尝试用磁力片创造有规律的排序，对数、量、形、空间关系等进行探究，能运用数学思维解决问题。

教学流程

"探索磁力片的秘密"教学流程如图 2-14 所示。

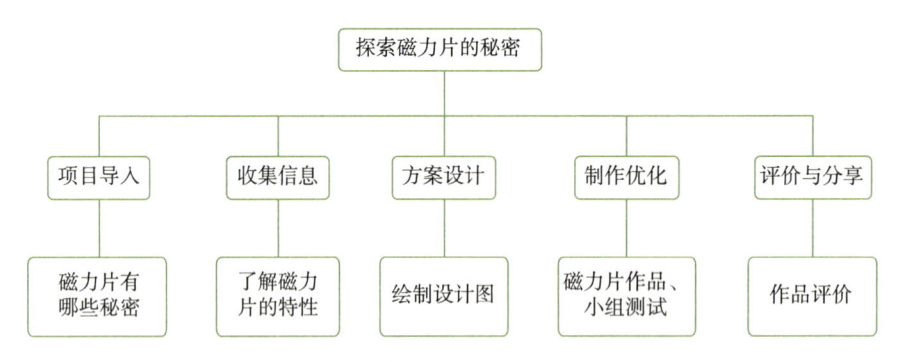

图 2-14 "探索磁力片的秘密"教学流程

第 1 课　开启探究之旅

活动目标

1. 探索并感知磁力片的大小、颜色、形状等基本特征。
2. 了解磁力片里有磁铁，通过猜想、操作、讨论，知道磁铁能吸住含铁的物体。
3. 初步感知磁铁同极相斥、异极相吸的原理。
4. 愿意主动调查磁力片的相关资料，大胆分享调查结果。

课时安排

2 课时，50 分钟。

提出问题

游戏活动 1：认识磁力片

1. 教师出示实物磁力片：三角形、正方形、梯形、长方形等各种形状、各种颜色的，幼儿非常开心地搭建、玩耍，如图 2-15 所示。

2. 教师请幼儿在看一看、摸一摸中感知磁力片的特征：大小、形状、颜色及吸附力。

图 2-15 幼儿认识磁力片

3. 幼儿通过观察、触摸了解磁力片里有磁铁，自由交流、讨论和磁力片有关的话题，如图 2-16 所示。

（1）为什么这些磁力片可以吸在一起呢？还有哪些物品可以被吸住呢？

（2）磁力片还可以怎么玩？

图 2-16 幼儿探究磁力片

收集信息

游戏活动 2：亲子调查

为了更好地揭示磁力片的秘密，教师决定进行一次关于磁力片的调查。

1. 师幼讨论：确定调查内容，如图 2-17 所示。

2. 教师鼓励亲子运用多种方式共同完成调查。

关于“磁力片”的小调查 学号：		
你喜欢玩磁力片吗？	你喜欢什么颜色的磁力片？	你知道的磁力片有哪些形状？
♡♡ ♡♡ ♡♡		

磁力片观察记录表 班级： 姓名：		
物品	相吸：	不相吸：

图 2–17　磁力片调查内容记录表

游戏活动 3：调查分享

1. 幼儿分别介绍、分享近期对于磁力片的调查结果。

2. 教师将幼儿分享的结果分类记录下来，梳理调查结果，加深幼儿对磁力片的了解，方便幼儿积累经验。

学习评价

教师对幼儿的调查质量、亲子学习行为进行表现性评价，并引导幼儿对自己和他人的表现进行评价，见表 2–9。

表 2–9　“开启探究之旅”环节评价表

评价内容	评价星级				教师评价	幼儿自评	幼儿互评
积极探索、感知磁力片的特征以及特性	☆	☆☆	☆☆☆	☆☆☆☆			
主动调查与磁力片相关的资料，大胆表达收集见闻	☆	☆☆	☆☆☆	☆☆☆☆			
能与小组成员合作，共同完成任务	☆	☆☆	☆☆☆	☆☆☆☆			
对磁力片的探究充满兴趣，积极参与活动	☆	☆☆	☆☆☆	☆☆☆☆			
总评							

学习成果

幼儿了解了磁力片里有磁铁，知道磁铁能吸住含铁的物体，初步感知了磁铁同极相斥、异极相吸的原理，如图 2–18 所示。

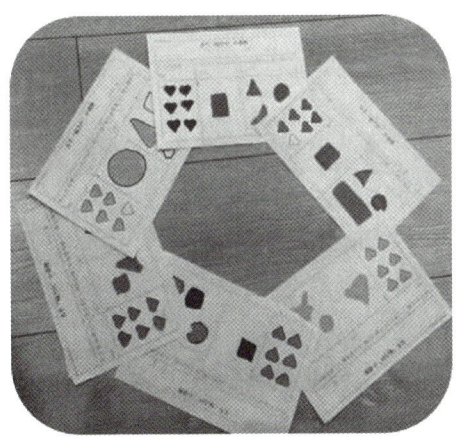

图 2-18 磁力片调查内容

第 2 课 造型"魔术师"

活动目标

1. 能根据自己的生活经验解决实际问题，大胆想象想要创作的造型。
2. 明确创作目标，绘制造型设计图，培养幼儿的设计思维。

课时安排

2 课时，50 分钟。

科学小探索

游戏活动 1：分组探索游戏

1. 幼儿带着自己的问题，主动分成四个小组，小组内通过猜测、操作、讨论，在教室、卫生间、操场等不同场地寻找可以被磁力片吸住的物体。幼儿得到启发：磁力片边缘的黑色小棒是磁铁，含铁的物品都可以被磁铁吸住，如图 2-19 所示。

图 2-19 吸铁的特性

2. 教师引导幼儿发现磁力片还可以拼搭平面图形和立体图形，其中平面图形具有提拉特性，如图 2-20 所示；立体图形具有稳定性，如图 2-21 所示。

图 2-20　提拉特性

图 2-21　稳定性

3. 教师引导幼儿观察磁铁同极相斥、异极相吸的原理，并尝试用提拉特性快速搭建立体造型。师幼共同进行归纳总结。

4. 教师鼓励幼儿自由分组，根据自己感兴趣的造型，确定小组成员。

设计方案

游戏活动 2：造型设计师

1. 幼儿自由组成四个小组，并根据自己的游戏主题绘制设计图，见表 2-10；遇到问题主动与小组成员协商，优化设计方案，教师巡回指导，如图 2-22 所示。

表 2-10　磁力片造型设计图

_____组设计稿	
小组成员	
我的设计	

第 2 章 科学小探索 39

图 2-22 幼儿尝试磁力片造型设计

2. 每个小组通过投票，确定最美磁力片设计图，如图 2-23 所示。

图 2-23 小组投票选出最美磁力片设计图

游戏活动 3："造型"分享师

1. 幼儿以小组为单位上台对本组内的磁力片设计图进行介绍、补充、分享，如图 2-24 所示。

图 2-24 幼儿分享磁力片设计图

2. 各组互相评价设计方案，并进行改进。

学习评价

教师对幼儿的交流与讨论情况、团队合作，以及小组设计、交流、分享的行为进行表现性评价，并引导幼儿对自己和他人的表现进行评价，见表2-11。

表2-11 "造型'魔术师'"环节评价表

评价内容	评价星级				教师评价	幼儿自评	幼儿互评
了解磁力片的特点、拼搭方法	☆	☆☆	☆☆☆	☆☆☆☆			
能积极参与小组活动，在小组中大胆表达自己的想法，语言表达清楚	☆	☆☆	☆☆☆	☆☆☆☆			
能确定搭建的主题内容，并根据需要进行人员分工	☆	☆☆	☆☆☆	☆☆☆☆			
知道搭建的顺序与步骤，明确搭建方案	☆	☆☆	☆☆☆	☆☆☆☆			
总评							

学习成果

幼儿通过画设计图明确了搭建磁力片的目标。小组成员探讨人员分工与所需要的材料数量及形状、颜色，能根据自己的生活经验解决生活中的实际问题，如图2-25所示。

图2-25 幼儿分组探讨磁力片设计图

第 3 课　百变磁力片

活动目标

1. 在拼搭过程中，能对应设计图积极探索和创新。
2. 感知图形之间的组合关系，对搭建目标的数、量、形、空间关系等进行探究，能运用数学思维解决问题。
3. 愿意进行探索活动，综合运用各类搭建技能（架空、围合、斜式连接、垒高、封顶等）进行搭建，培养幼儿的设计思维与动手实践的能力。
4. 学会解决问题，培养幼儿的工程思维与整合信息的能力，体验创作的快乐，提升自信心和成就感。

课时安排

1 课时，25 分钟。

材料选择

游戏活动 1：我的搭建所需材料

1. 材料清单：足够数量的磁力片、辅助工具、装饰物品若干，如图 2-26 所示。
2. 确定小组：通过交流、讨论每组确定搭建主题所需的材料，分四个小组。
3. 根据本组的设计图，确定搭建主题所需的磁力片形状、颜色、大小以及数量。
4. 教师巡视，指导各组获取合适的材料。

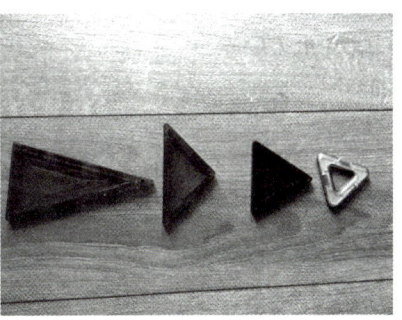

图 2-26　磁力片材料清单

创意制作

游戏活动 2：我的小手真灵活

小组合作，完成项目。

1. 本次活动分四个小组，根据设计图，进一步确定造型搭建的步骤。

2. 讨论问题：搭建造型怎样更牢固、稳定，分工合作完成。
3. 突破难点：小组讨论、确定相关磁力片的形状组合拼搭、拼搭造型的位置及用途。
4. 各小组依据设计图，利用收集到的材料，合作完成造型的搭建并进行测试。
5. 幼儿设计制作，教师巡回指导。

解决问题

游戏活动3：我的发现及解决策略

幼儿在制作磁力片的过程中发现了许多问题，各组成员积极讨论解决策略，见表2-12。

表2-12 幼儿在制作磁力片的过程中发现的问题及解决策略

制作项目	发现的问题	解决策略
六边形筒子楼	六边形筒子楼易变形、楼层太高易倒塌、不稳定，两栋筒子楼之间的连接易断裂，用磁力片创造有规律的排序	孩子们几番尝试，发现两个梯形可以拼成一个六边形，底部具有吸力后，楼层稳固不易变形，三个等腰三角形也可以拼成一个梯形。两栋筒子楼的连接处增加支撑点后具有稳定性。在进行围合时按照设计图的颜色有序排列磁力片，对数、量、形、空间关系等进行探究
三层小洋楼	磁力片一片一片叠加拼装，不能有效利用提拉特性	利用提拉特性组装成独立的正方体，综合运用各类搭建技能（架空、围合、斜式连接、垒高、封顶等）进行搭建
欢乐游乐场	小组分工不明确、不清楚搭建的顺序与步骤	明确搭建主题，研讨设计图，再次根据需要进行人员分工
挖掘机	幼儿搭建挖掘机，初次尝试时用单履带，履带太窄，再次尝试时用双履带，履带倒塌，几次尝试后发现履带缺少支撑点，搭建机身时大量磁力片压垮履带；机械臂拼接处易倒塌	孩子们几番尝试后，增加履带的数量，加固履带，减少磁力片的使用数量，使用大块磁力片；机械臂连接处使用等腰三角形拼接三个正方体，转折处使用磁力片垒高加固支撑点；挖掘机的铲子使用小长方形拼接，小巧灵便

学习评价

教师对幼儿搭建的"造型"的质量、团队合作，以及小组交流、讨论的行为进行表现性评价，并引导幼儿对自己和他人的表现进行评价，见表2-13。

表2-13 "百变磁力片"环节评价表

评价内容	评价星级				教师评价	幼儿自评	幼儿互评
根据设计图搭建，在搭建过程中小组成员相互合作，任务分工明确，各司其职	☆	☆☆	☆☆☆	☆☆☆☆			
在遇到问题时，不轻易放弃，能充分讨论，创造性地提出解决问题的办法	☆	☆☆	☆☆☆	☆☆☆☆			
积极主动地进行小组间的学习与交流，根据学习情况对作品进行改进	☆	☆☆	☆☆☆	☆☆☆☆			
总评							

学习成果

幼儿通过合作完成磁力片"造型"的搭建，在发现问题、解决问题的过程中提升建构技能，以及灵活运用磁力片特性解决问题的能力，如图2-27所示。

图2-27 幼儿分组搭建的"造型"

第4课 我自信，我展示

活动目标

1. 能在班级中大胆表达自己的设计想法，培养语言表达能力。
2. 学会解决问题，培养幼儿的工程思维与整合信息的能力，体验创作的快乐，提升自信心和成就感。

课时安排

1课时，25分钟。

评价与分享

游戏活动1：展示风采

1. 幼儿分别上台，展示磁力片作品，进行介绍（设计、材料、技术、问题等），并进行简单的稳定性测试，见表2-14。

2. 教师对幼儿进行有效提问：在制作过程中遇到了哪些困难？是如何解决的？有什么新的发现？

3. 教师引导幼儿分享项目开展的心得及想法，回顾项目初始阶段提出的问题是否已解决，是如何解决的。（帮助幼儿回顾项目的实施过程）

表2-14　磁力片作品展示

小组	磁力片作品	作品特点及功能
六边形筒子楼组		六边形筒子楼地基加固后具有一定的稳定性，楼层按照设计图有规律地一层一层围合，两栋筒子楼之间增加支撑点、加大磁性的吸力后，可以牢固地支撑
三层小洋楼组		三层小洋楼楼体稳固，加装窗户，透气性很好，可小心移动
欢乐游乐场组		游乐场里有滑梯、摩天轮、跳楼机等多项游乐设施项目
挖掘机组		挖掘机有双履带、大型机身、小型驾驶室，机械臂与挖机铲的连接处由三角形和小长方形拼接而成，挖机铲的拼接利用了提拉特点

迭代更新

游戏活动 2：玩一玩，测一测

1. 各组拿出自己的磁力片作品，开始玩推荐游戏；在游戏中发现问题，及时迭代更新。
2. 通过测试作品，玩、比赛、推荐等一系列活动，教师让幼儿介绍自己的创意、想法及发现问题时的解决策略，体验创作的快乐。

学习评价

教师对幼儿在分享、展示活动中的表现进行评价，并引导幼儿对自己和他人的表现进行评价，见表 2-15。

表 2-15 "我自信，我展示"环节评价表

评价内容	评价星级				教师评价	幼儿自评	幼儿互评
根据设计图完成搭建作品，总结发现的问题	☆	☆☆	☆☆☆	☆☆☆☆			
能在班级中展示小组搭建的作品，分享搭建中遇到的问题及解决策略	☆	☆☆	☆☆☆	☆☆☆☆			
听取其他组的意见，对本组的作品和其他组的作品进行评价	☆	☆☆	☆☆☆	☆☆☆☆			
吸取经验以及建议，对今后的升级改造进行总结	☆	☆☆	☆☆☆	☆☆☆☆			
总评							

学习成果

幼儿能够在班级中客观地对本组与其他小组的作品进行评价。针对评价内容，小组成员总结搭建经验，为今后的优化再升级提出想法，如图 2-28 所示。

图 2-28 幼儿改进磁力片造型设计

专家点评及教学建议

点评专家： 合肥市瑶海区教育体育局　光善慧

一、整体评价

《幼儿园教育指导纲要（试行）》中指出："教师要善于发现幼儿感兴趣的事物、游戏和偶发事件中所隐含的教育价值，把握时机，积极引导。"玩磁力片是孩子们日常活动中特别感兴趣的一项活动，虽然其造型样式简单，但是可变性大，探究性强，玩法多样，有助于引发幼儿在游戏中动手、动脑，促进多方面能力的发展。通过本次 STEM 案例"探索磁力片的秘密"持续地探索，引导幼儿学会提出问题、思考问题、解决问题，鼓励幼儿自主探究，在操作中学会发现和学习，从而获得新的经验和发展。教师挖掘出更多的教育内容和价值，为幼儿经验的提升和获得，不断提供学习和发展的阶梯与支架。

关注个性化教育和幼儿发展，课堂教学变得更关注每个幼儿的个体差异和需求，培养幼儿的自主学习能力和个性发展。教师能够更好地了解幼儿的个性特点和兴趣爱好，设计个性化的教学活动和评价方式，激发幼儿的学习动力和潜能。

二、教学建议

在磁力片课堂中，除了独立完成搭建，教师也要安排分工合作、团队活动，有助于培养孩子们的延展性思维、语言表达能力和合作分工意识。通过引导幼儿主动学习、强调实践能力的培养和促进幼儿的合作与创新，使课堂教学变得更加活跃和有趣。幼儿不再是被动接受知识，而是主动参与学习过程，发展自己的实践能力和创新能力。幼儿更能适应未来社会和职业的需求，培养出具有前瞻性和创新性思维的人才。

评价幼儿的综合素质和能力，鼓励教师使用多种教学方法，从传统的讲述式教学转向探究式教学、合作学习、项目式学习等多样化的教学方式。教师在教学中要积极尝试新的教学方法和策略，提供更富有挑战性和互动性的学习环境。

2.3　课例3：小小造船师

课例提供： 合肥市明皇家园幼儿园　李雅慧、李蕾、张凡
　　　　　　合肥市荷塘家园幼儿园　王燕
　　　　　　吉林省延边朝鲜族自治州珲春市第六幼儿园　张雪
　　　　　　合肥市宿州路幼儿园湖畔分园　余菲
　　　　　　湖南省人民政府机关幼儿园　赵方婷
课例指导： 合肥市瑶海区教育体育局　光善慧

项目导入

《3—6岁儿童学习与发展指南》中提出，幼儿科学学习的核心是激发探究兴趣，体验探究过程，发展初步的探究能力。STEM教育提倡"让孩子自己动手完成他们感兴趣的、和生活相关的项目，从过程中学习各种学科及跨学科知识"。在一次家长进课堂活动中，讲课的家长是来自某学校海航班的老师，给孩子们带来了丰富的舰载机知识，如图2-29所示。孩子们看后十分激动，俊俊问："这个是船嘛？"希希："放了这么多飞机不会沉吗？"轩轩："不会的，船是浮在水面上的，生活中还有各种各样的船呢！我就见过好几种，我还坐过快艇呢！""那我们也来造一艘船吧！"……

图2-29　幼儿了解关于船的知识

孩子们关于船的话题众说纷纭，展开了激烈的讨论，"为什么船装了那么多东西还可以浮在水面上？太神奇了！"于是，一场关于船的探索、创造开始了……

项目目标

★ **科学（S）**

1. 查阅船的相关资料，了解船的基本类型及构造，进一步学习、掌握船体的特征。
2. 在绘制设计图时，了解材料在结构中的作用，通过实验感知不同材质的物体在水中的沉浮状态。
3. 能够理解评价表中的内容所代表的意思，并能一一对应地对作品进行评价。

★ **技术（T）**

1. 合理利用互联网技术，查阅网络资料，选择合适的材料进行建造。
2. 能绘制船的设计图，掌握制作船的技术：粘贴、穿线、组合、固定等，选择合适的工具制作船并能正确使用。
3. 在选择、改进材料时能考虑船的功能性。

★ **工程（E）**

1. 大胆利用生活中各种常见的材料进行加工制作。
2. 根据设计图，利用不同的材料制作美观、符合原理的船，在建造好成品后，有对作品进行测试的认知。
3. 大胆探索船的沉与浮，具备一定的工程意识，发展逻辑思维及团队协作能力。

★ **数学（M）**

通过制作不同材料的小船，感知平面图形和立体结构之间的关系。

教学流程

"小小造船师"教学流程如图 2-30 所示。

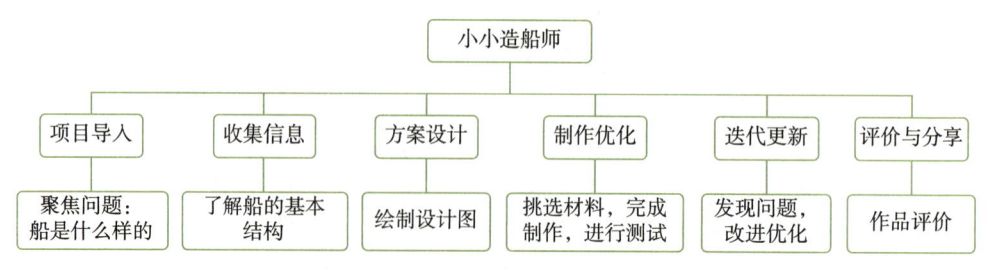

图 2-30 "小小造船师"教学流程

第 2 章 科学小探索

第 1 课 船，我们想知道

活动目标

1. 查阅船的相关资料，了解船的基本类型及构造。
2. 运用调查记录表，进一步学习、掌握船体的特征。
3. 对船的探究充满兴趣，能在班级中进行分享交流，积极参与相关活动。

课时安排

2 课时，50 分钟。

提出问题

游戏活动 1：看一看，提问题

教师出示"各种各样的船"的图片及相关视频。幼儿知道生活中常见的船的种类，如帆船、客船、货船、工程船、游艇等，了解不同船的功能、作用等，如图 2-31 所示。

图 2-31 幼儿学习关于船的知识

教师引导幼儿多方面了解船，积累关于船的丰富知识经验。根据幼儿的兴趣，教师引导幼儿进行分组讨论，提出设计制作小船的相关问题，鼓励幼儿积极思考。幼儿通过讨论，明确了想要造一艘小船，要先对船进行全面深入的了解和调查。

收集信息

游戏活动 2：亲子调查

教师鼓励亲子运用多种方式完成调查（电脑、手机、音频等信息技术的支持，询问相关人员等其他资源支持）。

教师发放关于船的调查表，见表 2-16。

1. 师幼讨论：确定调查内容。
2. 教师指导幼儿学会留存调查资料，照片、音视频均可。

表 2-16　关于船的调查表

班级：_____　　姓名：_____　　时间：_____

我见过的船	我坐过的船	船的作用	船的基本结构	可以用什么材料制作船

游戏活动 3：说一说，共分享

教师请幼儿分享自己的调查内容，并进行集体讨论，如图 2-32 所示。

图 2-32　幼儿分享关于船的调查内容

学习评价

教师对幼儿的交流、讨论情况，以及调查完成情况等进行评价，并引导幼儿对自己和他人的表现进行评价，见表 2-17。

表 2-17　"船，我们想知道"环节评价表

评价内容	评价星级				教师评价	幼儿自评	幼儿互评
了解生活中常见的船的种类，以及船的构造及作用	☆	☆☆	☆☆☆	☆☆☆☆			
能够积极调查船的相关资料，并能在班级中进行分享交流	☆	☆☆	☆☆☆	☆☆☆☆			
对船的探究充满兴趣，积极参与相关活动	☆	☆☆	☆☆☆	☆☆☆☆			
总评							

第 2 章　科学小探索　　51

> 学习成果

　　幼儿通过分享调查内容，在交流、讨论中，多方面了解了船的结构特点、船的种类和作用，以及船的基本结构。在这个过程中，幼儿建立了丰富的知识经验，如图 2-33 所示。

图 2-33　幼儿关于船的调查内容

第 2 课　造什么样的船

> 活动目标

　　1. 知道不同功能、不同情况下对船的需求不同，能根据实际情况设计船。
　　2. 通过交流、讨论，大胆分享自己的想法，和组员共同绘制设计图。
　　3. 能确定搭建的主题，选择合适的材料造船，并根据需求进行分工。

> 课时安排

　　2 课时，50 分钟。

> 科学小探索

游戏活动 1：折一折，试一试

　　为了进一步掌握船体的特征，幼儿自由表达想法，根据已有经验先动手制作纸船，如图 2-34 所示。

图 2-34　幼儿制作、测试纸船

纸船制作完成后，幼儿提出关键性问题：做出来的船是否能够下水呢？幼儿进行测验，纸船在水中出现了不同程度的"问题"。幼儿提出：怎么才能造出浮起来的船呢？

游戏活动 2：分组探索游戏

1. 自主探究，提出难点：如何造一艘可以浮起来的船？

发现难点：纸船容易进水，容易沉下去，哪些材料可以让船一直浮起来呢？

2. 分组讨论：你想做一个什么样的船？你打算用什么做？用什么材料做船可以防止进水和漏水？

3. 教师出示不同船及有关船的场景，如长江、小河、大海等，请幼儿根据已知船的种类选择适合相应情境的船，并请幼儿说一说为什么选择这种船；如果请你来建造这种船，准备选择什么材料，怎么搭建。

4. 教师引导幼儿在 STEM 教室，通过对各种材料的实验，感知材料的软硬度及特点，尝试搭建船，最终确定几种适合造船的材料。

5. 教师将幼儿关于船的想法记录下来，便于幼儿对有关船的知识、经验进行梳理（如船的构成、种类、船的零部件、功能、作用、操作步骤等），如图 2-35 所示。

图 2-35 关于船的网络图片及视频资源

设计方案

游戏活动 3：想一想，画一画

1. 各小组绘制设计图，如图 2-36 所示。

幼儿基于自身经验和材料，绘制设计图，让造船过程更有计划性、目的性，见表 2-18。

2. 教师巡回指导：哪些材料适合造船，每个部分分别用什么材料制作，教师适时地给予指导与帮助。

图 2-36 幼儿分组绘制船的设计图

第 2 章　科学小探索

表 2-18　小船设计图

第_____组设计图
小组成员
所需要的材料
我的设计

游戏活动 4：说一说，共分享

1. 基于前期小组讨论的问题，幼儿分享搜集到的解决方案。在设计的时候，幼儿首先想到哪些材料可以防水，哪些材料可以浮在水面上。幼儿根据设计图，选取材料。

2. 设计图完成后，小组成员介绍设计思路及设计意图。

幼儿简单介绍本小组的设计方案，介绍选用的材料都用来做小船的哪些部分，准备用什么材料进行连接固定，打算怎样装饰，需要什么工具，它有什么优点、功能等，如图 2-37 所示。

3. 各小组根据提出的想法和意见优化方案，准备制作。

图 2-37　幼儿介绍船的设计图

学习评价

教师对幼儿的交流、讨论情况，以及设计图完成情况等进行评价，并引导幼儿对自己和他人的表现进行评价，见表 2-19。

表 2-19 "造什么样的船"环节评价表

评价内容	评价星级				教师评价	幼儿自评	幼儿互评
知道不同功能、不同情况下对船的需求不同，能根据实际情况设计船	☆	☆☆	☆☆☆	☆☆☆☆			
积极参与小组活动，大胆分享自己的想法，语言表达清楚，观点明确	☆	☆☆	☆☆☆	☆☆☆☆			
能确定搭建的主题，能选择合适的材料造船，并根据需求进行分工	☆	☆☆	☆☆☆	☆☆☆☆			
总评							

学习成果

在造船之前，幼儿基于自身经验和材料，绘制设计图，让造船过程更有计划性、目的性，如图 2-38 所示。从船材料的选择到功能的设想，从外形的设计到内部结构，幼儿与同伴一起合作探究、协商讨论，激活已有的经验、创造想象、假设验证，迁移运用所学知识把好的想法不断地"造出来"。幼儿分工明确、有商有量、团队合作、互相帮助、相互启发，不断提升了幼儿的逻辑思维能力和团队协作能力。

图 2-38 幼儿绘制的小船设计图

第 3 课 造能浮起来的船

活动目标

1. 根据设计图分享设计思路、尝试解决发现的问题。
2. 利用不同的材料制作船，大胆探索船的沉与浮。
3. 发展幼儿仔细观察、分析问题、探究问题的习惯与能力，感受与同伴合作的快乐。

课时安排

3 课时，75 分钟。

材料选择

游戏活动1：选择搭桥所需材料

1. 收集材料、准备制作。

（1）材料要求：

符合项目活动需要的安全、环保、废旧材料等。

（2）材料清单：

KT板、纸碗、纸杯、奶茶杯、废旧小纸盒、毛绒球、冰棒棍、一次性吸管、泡沫纸、彩纸、矿泉水瓶、泡沫垫、玩具筐、剪刀、废旧光盘、马克笔、记号笔、泡沫胶、大胶布，如图2-39所示。

2. 教师引导幼儿讨论各种材料的基本特性，指导各组获取合适的制作材料。

3. 根据各组前期收集的所需材料，教师鼓励家长带领幼儿扩大收集范围，整合幼儿园、家庭、社会的资源。

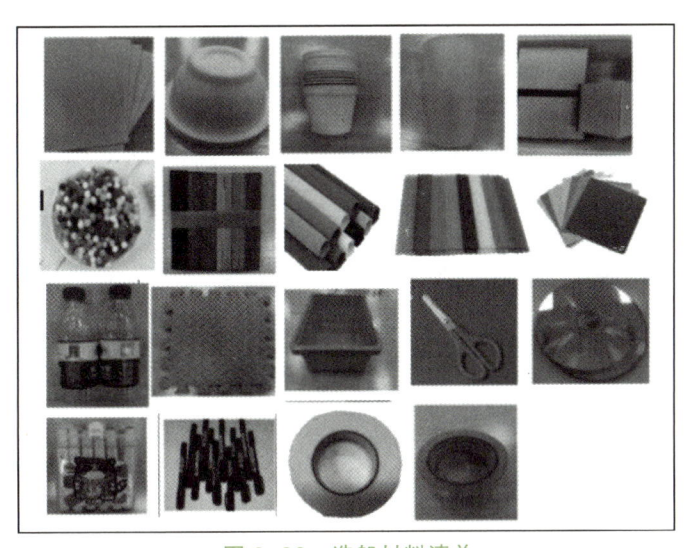

图2-39 造船材料清单

创意制作

游戏活动2：我是小小工程师

小组合作，完成项目。

1. 幼儿回顾船的基本结构，确定造什么类型的船。

2. 讨论问题：小船有哪些最重要的基本结构？怎样结合自己的需要使用已有材料？

3. 突破难点：如何造一艘可以浮起来的船？探究、挑选合适的造船材料，如图2-40所示。

4. 幼儿制作，教师巡回指导，适时地给予支持。

图 2-40　幼儿挑选制作船的材料

5. 小船建造完成后，幼儿进行展示并交流，小组间互评。小组成员分别根据自己负责的部分进行介绍（设计、材料、技术、问题等），并进行简单的操作演示和测试，如图 2-41 所示。

图 2-41　小组分别测试船

解决问题

游戏活动 3：我的发现及解决策略

幼儿在制作、测试船的过程中发现了问题，找到了解决策略，见表 2-20（教师引导并提供必要的支持）。

表 2-20　幼儿在制作、测试船的过程中发现的问题及解决策略

制作项目	发现的问题	解决策略
帆船	泡沫板连接处不易固定，船身易进水；不能承重，底板太轻；用胶布粘连船身，不太美观	改用废旧光盘作为船身，用泡沫胶连接；底板用冰棒棍和泡沫纸，增加底板的重量；再通过设计、装饰美化小船

（续）

制作项目	发现的问题	解决策略
游艇	漏水现象、船身倾斜	瓶子排列长短参差不齐，缝隙较大，船身结构不够坚固，容易散架，所以会漏水。通过调整设计方案，两个人合作，用胶带把塑料瓶先捆起来，再用胶条将塑料瓶进行连接
客轮	重心问题	将船上装的物品前、后都作相应调整，改善船头、船尾，保持船的平衡

学习评价

教师对幼儿的交流、讨论情况，以及创意制作完成情况等进行评价，并引导幼儿对自己和他人的表现进行评价，见表2-21。

表 2-21 "造能浮起来的船"环节评价表

评价内容	评价星级				教师评价	幼儿自评	幼儿互评
利用不同材料制作美观、符合原理的船	☆	☆☆	☆☆☆	☆☆☆☆			
在遇到问题时，不轻易放弃，相互讨论，表达想法，创造性地提出解决问题的办法	☆	☆☆	☆☆☆	☆☆☆☆			
有对作品测试的认知，大胆探索船的沉与浮，根据交流、讨论的结果对作品进行改进和优化，具备一定的工程意识	☆	☆☆	☆☆☆	☆☆☆☆			
养成仔细观察、分析问题、探究问题的习惯，感受与同伴合作的快乐	☆	☆☆	☆☆☆	☆☆☆☆			
总评							

学习成果

幼儿分组，结合已有经验讨论想法；各组根据测试发现的问题，进行二次迭代更新后，再次介绍完善作品的细节及效果，并进行二次测试验证。通过同伴交流、观察与分析，在不断测试和调整后，最终幼儿都成功完成了任务，如图2-42所示。

图 2-42　幼儿分组搭建的船

第 4 课　我是小小造船师

活动目标

1. 通过迭代更新，感知船在水中的沉与浮现象。
2. 分小组进行展示汇报，分享项目实施过程中的心得和收获。
3. 能够客观、公正地对作品进行评价，发展幼儿的逻辑思维能力及团队协作能力。

课时安排

1 课时，25 分钟。

评价与分享

游戏活动 1：分享我搭建的船

三个小组分别上台，展示汇报。

1. 展示作品，进行验证。小组作品展示（小组分别展示汇报）：回顾过程，经验连接（教师播放视频，通过软件助手实时截图，邀请幼儿介绍前三个课时的主要任务，回顾之前的项目实施过程）。

2. 各小组分别介绍本组搭建的船（设计、材料、功能及特点等），见表2-22。

3. 教师对幼儿进行有效提问：在制作、改进过程中遇到了哪些困难？是如何解决的？有什么新的发现？

表 2-22　船的作品展示

小组	材料	船的作品	功能及特点
帆船组	废旧光盘		船身大且长，稳定性好，帆力强，能借助大自然的风力远距离航行，具有优美的外观设计和流畅的线条
游艇组	塑料瓶		有稳固的结构、内部设施齐全，有着多种功能和用途，可以轻松转向和停泊
客轮组	玩具盒		船身通常很大，内部设施非常齐全，有强大的航行能力，可以在各种水域安全稳定地航行

迭代更新

游戏活动 2：玩一玩，测一测

各小组介绍完善作品的细节及效果，进行二次测试（小船放入水中是否可以浮起来，并不会出现漏水、倾斜、下沉等现象），如图 2-43 所示。

通过同伴交流、观察与分析，在不断地测试和调整后，最终每个组的船都成功浮在水面上。孩子们都完成了任务，体验到了成功。

图 2-43　小组进行二次测试

学习评价

教师要关注每个幼儿的学习过程，进行拍照记录，适时给予评价和鼓励，并及时补充材料，撰写学习故事及观察、记录、评价幼儿，并引导幼儿对自己和他人的表现进行评价，见表2-23。

表2-23 "我是小小造船师"环节评价表

评价内容	评价星级				教师评价	幼儿自评	幼儿互评
小组间合作意识强，能够较好地展示、分享项目实施的心得和收获	☆	☆☆	☆☆☆	☆☆☆☆			
能对船的沉与浮现象进行测试，总结发现的问题	☆	☆☆	☆☆☆	☆☆☆☆			
能与其他组交流意见，对本组的作品和其他组的作品进行评价	☆	☆☆	☆☆☆	☆☆☆☆			
总结经验以及提出建议，对作品的升级、更新，说出自己的想法	☆	☆☆	☆☆☆	☆☆☆☆			
总评							

学习成果

通过项目总结、欣赏与评价，幼儿分组分享项目开展的心得及想法，如图2-44所示。幼儿回顾项目实施的整个过程，相互学习经验和解决问题的办法，这也是幼儿设计思维与工程思维的一种体现。

图2-44 各组展示船

专家点评及教学建议

点评专家： 合肥市教育科学研究院副院长　陈明杰

一、整体评价

STEM教育提倡让孩子自己动手完成他们感兴趣的、和生活相关的项目，从过程中学习各种学科及跨学科知识。我们要做的就是顺应孩子的天性，让孩子在活动中思考、行动、协作、连接，最终帮助孩子，实现自我驱动、自我管理、自我迭代。孩子们围绕船进行了一系列探究活动，从自主收集资料到尝试运用多种材料制作能够成功浮在水面上的船，这些有趣的操作让孩子们获得了有价值的体验，并将浓厚的趣味转换成灵动的游戏。造船之旅让孩子们在游戏中探索到有关"船"的科学知识，推进了他们的深度学习。在整个过程中，孩子们进行了观察、预测、记录与讨论，积累了一些科学概念和探究技能。在这种真实的学习情境下，孩子们发现、分析、解决问题的能力也有了明显提升；在探究和尝试中，认真专注的良好学习品质得到了提升；在共同的目标下，商量、合作、互助的意识越来越强。

通过探究去感知船的沉与浮，在这当中，孩子们不断探索、不断尝试、不断发现。我们看见孩子慢慢尝试有想法的讨论、真实的设计和迁移学习的发生。所有这些，都指向 STEM 教育真正的价值，即激活幼儿成长的内驱力，激发好奇心和探索欲。教师通过多元的主题融合，让幼儿在活动中发展探究能力和思维能力，为幼儿创造主动思考、积极探索的物质与精神环境。这是一种以激发幼儿的学习好奇心，通过发现问题、思考、研究、获取信息，从而获得知识和能力的教学方法，让每名幼儿都能找到属于自己的成长空间。

二、教学建议

1. 教师思考项目活动评价如何更有效、更有针对性。评价的最终价值在于对信息的分析、思考，以此了解幼儿的发展过程，评估幼儿在活动过程中的兴趣、能力、态度等的变化。评价要让我们看到孩子在此次项目学习过程中展现了怎样的核心素养与能力，具体表现在什么环节，是否有丰富且多元的学习过程表征，对工具与技术的熟练掌握程度等，以及幼儿自身在项目学习实践过程中的情感态度等评价。既有幼儿项目活动过程性"质"的表现，又强调项目活动完成情况要有"量"的要求，以达到评价对促进幼儿 STEM 素养发展的真正目的，最终成为教师有效观察和思考幼儿素养提升的抓手。

2. 提供开放性材料，开发幼儿的创新意识和能力。教师要随时观察幼儿对材料的感兴趣程度，材料能否让幼儿积极进入探索状态，幼儿对材料的使用方法是否正确等。材料投放后，教师要观察幼儿对现有材料的兴趣，材料是否合适，幼儿使用材料的次数是否减少，是否需要进一步投放材料，是否需要对材料进行更换。另外，当幼儿的科学探究兴趣不高时，教师需要选择合适的方式介入和指导。例如，在造船的过程中，有一组幼儿对选择造船的材料感到很难。那么是否可以为幼儿准备进行信息收集、实践操作、交流协作等的开放性材料，协助幼儿出示新材料，转换材料的功能、提出探究的问题等，激发幼儿探索学习的欲望，开发幼儿的创新意识和能力？

3. 安全建议。在使用尖利物品钻孔时，教师要提醒幼儿注意安全。

2.4 课例4：自制浇花器

课例提供： 合肥市明皇家园幼儿园　吴海霞、桂璇璇、张璐瑶
课例指导： 合肥市瑶海区教育体育局　光善慧

项目导入

《3—6岁儿童学习与发展指南》中提出，成人要善于发现和保护幼儿的好奇心，充分利用自然和实际生活机会，引导幼儿通过观察、比较、操作、实验等方法，学习发现问题、分析问题和解决问题；帮助幼儿不断积累经验，并运用于新的学习活动。

我们班植物角是孩子们每天晨间活动的一个小天地，孩子们在这里观察、照顾自己的植物，陪伴它们一点点长大。随着天气渐渐热起来，周一到园，有幼儿发现植物角里的植物枯萎了，他很难过，"为什么我的植物枯萎了呢？"有的小朋友说："肯定是幼儿园没有人，植物口渴了，没有水喝。"有没有什么办法在放假的时候也能让植物喝饱水呢？孩子们开始思考了："我们可以做一个自动浇花器，这样我们不在幼儿园的时候，也可以给植物浇水。"于是带着孩子们的想法，我们开始了"自制浇花器"的探索之旅。

项目目标

★科学（S）

1. 观察植物，了解植物枯萎的原因。
2. 探索自动浇花器的制作方法。
3. 探索洞口大小与水流速度的关系。

★技术（T）

1. 熟练地使用工具，通过剪、钻、粘贴、连接、固定等方式制作自动浇花器。
2. 能够正确使用各种工具。

★工程（E）

1. 绘制自动浇花器设计图、制作自动浇花器。
2. 选择适合的材料搭建支架。

第 2 章　科学小探索

★ 数学（M）

感知浇花器的粗细、长短、方位、洞口大小等量的概念，学习比较。

教学流程

"自制浇花器"教学流程如图 2-45 所示。

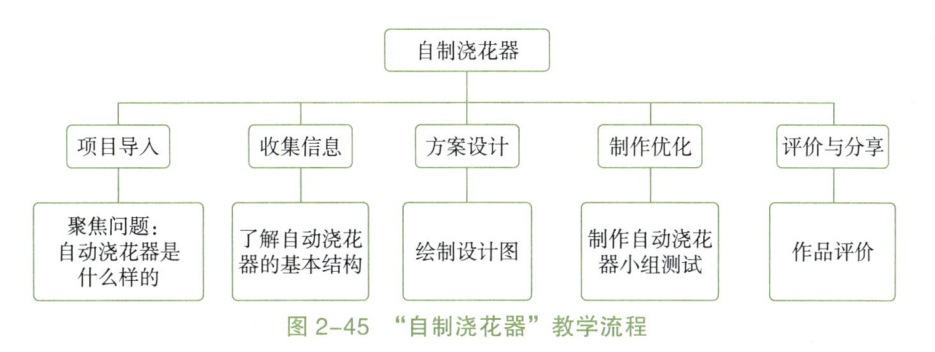

图 2-45　"自制浇花器"教学流程

第 1 课　各种各样的浇花器

活动目标

1. 观察、了解各种浇花器，感知浇花器的不同形态，激发探究浇花器的兴趣。
2. 结合已有生活经验，大胆讲述自己见过的浇花器。

课时安排

2 课时，50 分钟。

提出问题

游戏活动 1：看一看

1. 观察导入，激发兴趣。

（1）教师带领幼儿一起观察、了解各种浇花器，感知浇花器的不同形态，激发探究浇花器的兴趣，如图 2-46 所示。

（2）教师提出关键问题：这些浇花器一样吗？哪里不一样？引导幼儿发现浇花器的不同形态。

2. 教师通过提问，引导幼儿进一步深入思考制作自动浇花器需要注意哪些问题。

（1）你想制作一个什么样的浇花器？

（2）自动浇花器的结构是什么样的？包括哪些部分？

（3）制作自动浇花器的材料有哪些？

（4）剪刀、刻刀、胶布等材料，在使用过程中应该注意哪些问题？

图 2-46　生活中的浇花器

收集信息

游戏活动 2：查一查

教师发放各种各样的浇花器调查表，见表 2-24。

1. 师幼讨论：确定调查内容。

2. 教师鼓励亲子共同完成调查，运用多种方式（教师适当引导：网络搜索、手机查询、访问相关人员、科技馆实地考察等）完成调查。

3. 教师指导幼儿学会留存调查资料，照片、音视频均可。

表 2-24　各种各样的浇花器调查表

姓名：_____　　班级：_____　　时间：_____

我见过的浇花器	我用过的浇花器	浇花器的作用	浇花器的基本结构	你想用什么样的材料来制作浇花器

游戏活动 3：调查分享

教师请幼儿分享自己的调查内容，并进行集体讨论，如图 2-47 所示。

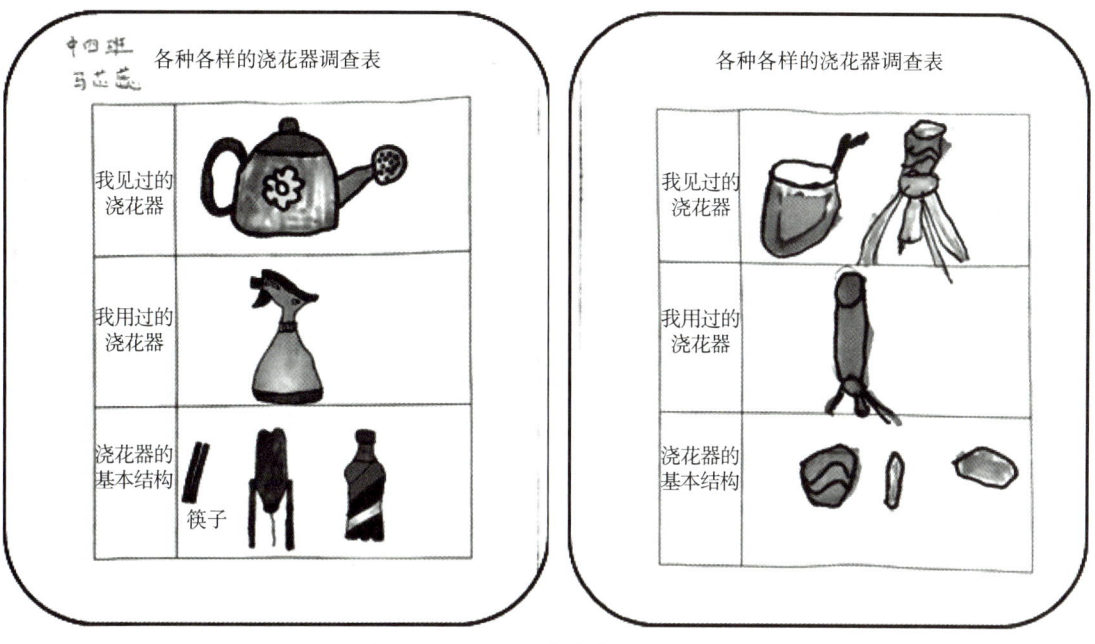

图 2-47　幼儿分享浇花器调查内容

学习评价

教师对幼儿的交流、讨论情况，以及调查完成情况等进行评价，并引导幼儿对自己和他人的表现进行评价，见表 2-25。

表 2-25　"各种各样的浇花器"环节评价表

评价内容	评价星级				教师评价	幼儿自评	幼儿互评
了解生活中常见的浇花器的种类	☆	☆☆	☆☆☆	☆☆☆☆			
主动调查自动浇花器的相关资料，并能在班级中进行分享	☆	☆☆	☆☆☆	☆☆☆☆			
能与小组成员相互合作，共同完成任务	☆	☆☆	☆☆☆	☆☆☆☆			
对自动浇花器的探究充满兴趣，积极参与活动	☆	☆☆	☆☆☆	☆☆☆☆			
总评							

学习成果

幼儿的主要学习成果或结论是了解浇花器的种类和作用及自动浇花器的基本结构，知道自动浇花器由蓄水容器、自动出水口、支架等三个部分组成，如图 2-48 所示。

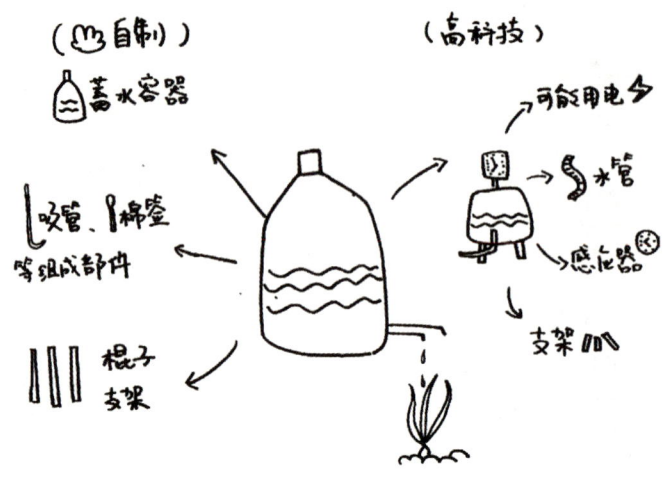

图 2-48 自动浇花器的基本结构

第 2 课　我设计的浇花器

活动目标

1. 明确制作目标，绘制自动浇花器设计图。
2. 能够在同伴面前大胆表达自己的设计意图。

课时安排

2 课时，50 分钟。

科学小探索

游戏活动 1：我喜欢的自动浇花器

1. 教师引导幼儿在 STEM 教室，通过对各种材料的实验，感知材料的软硬度及特点，尝试选择制作浇花器的材料，根据不同的场景想象浇花器的形式及功能。

2. 教师鼓励幼儿自主分组，根据自己的意愿和兴趣选择组员，确定小组成员以及要制作的自动浇花器的类型。

3. 各小组进行商讨，确定本小组感兴趣的自动浇花器在哪些情景下使用，查找相关资料。

设计方案

游戏活动 2：我设计的自动浇花器

1. 各小组绘制浇花器设计图，见表 2-26。

表 2-26　我的浇花器设计图

_____组设计稿
小组成员：
我们设计的浇花器：
所需材料：
制作顺序：

2. 幼儿根据已有经验，合作思考，提出难点，设计浇花器，如图 2-49 所示。

图 2-49　幼儿分组绘制浇花器设计图

游戏活动 3：分享设计图

设计图完成后，小组成员上台介绍设计思路及设计意图，如图 2-50 所示。

图 2-50　幼儿介绍浇花器设计图

1. 介绍想要制作什么样的浇花器。

2. 介绍准备选择哪种材料制作浇花器。

3. 介绍准备如何分工。

学习评价

教师对幼儿的交流、讨论情况，以及设计完成情况等进行评价，并引导幼儿对自己和他人的表现进行评价，见表2-27。

表2-27 "我设计的浇花器"环节评价表

评价内容	评价星级				教师评价	幼儿自评	幼儿互评
能够根据自己的兴趣和想法设计本组的自动浇花器	☆	☆☆	☆☆☆	☆☆☆☆			
能积极参与小组活动，在小组中大胆表达自己的想法，语言表达清楚	☆	☆☆	☆☆☆	☆☆☆☆			
能确定制作的主题和顺序，并根据需求在小组内进行分工	☆	☆☆	☆☆☆	☆☆☆☆			
总评							

学习成果

幼儿通过绘制设计图，进一步明确了制作目标，了解了制作对象的结构特点。小组成员进行任务划分，确定制作顺序以及准备材料，为接下来的制作活动作铺垫，如图2-51所示。

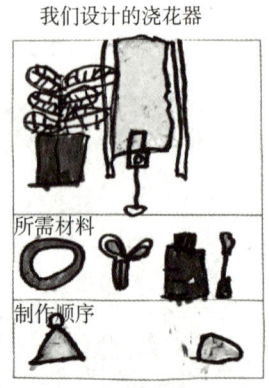

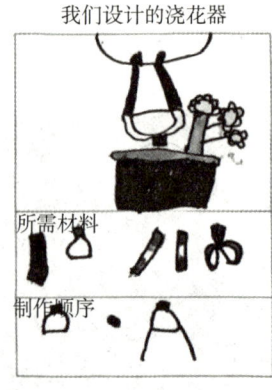

图2-51 幼儿分组设计的浇花器

第 3 课　我制作的浇花器

> 活动目标

1. 根据设计图，分工合作完成制作任务。
2. 小组成员积极动脑，采用多种方式解决制作中出现的各类问题。

> 课时安排

2 课时，50 分钟。

> 材料选择

游戏活动 1：选择材料

符合项目活动需要的一切安全、环保的废旧材料。

塑料瓶、毛线、吸管、吊水针管、PVC 管、双面胶、透明胶、剪刀、刻刀、胶枪、锤子、钉子、大头针等，如图 2-52 所示。对于存在安全隐患的材料，建议在老师的帮助下使用。

图 2-52　浇花器制作材料

> 创意制作

游戏活动 2：制作浇花器

1. 小组成员依据设计图，挑选合适的材料，合作制作自动浇花器，如图 2-53 所示。

图 2-53　幼儿制作自动浇花器

图 2-53　幼儿制作自动浇花器（续）

2.制作完成后，小组成员上台展示、分享自己的浇花器，教师巡回指导。

解决问题

游戏活动 3：我的发现及解决策略

幼儿在制作浇花器的过程中发现了问题，找到了解决策略（教师引导并提供必要的支持），见表 2-28。

表 2-28　幼儿在制作浇花器的过程中发现的问题及解决策略

制作项目	发现的问题	解决策略
浇花器 1	1. 吸管太长，水流不出来 2. 瓶盖洞口太大，水流太快	1. 将吸管剪短 2. 用双面胶将洞口堵住
浇花器 2	1. 将浇花器插进花盆中，不出水，拿起来举高它就自己出水了 2. 水从旁边的管道流出	1. 给它搭一个较高的支架 2. 用胶布把它旁边的管道堵住
浇花器 3	1. 洞太大了，水从旁边流出来 2. 支架不稳定	1. 改变洞口，用保安叔叔的钉子和锤子 2. 改用透明胶带，多粘几圈，将支架粘牢
浇花器 4	1. 洞太大了，水流速度太快 2. 没有支架	1. 用透明胶将大洞堵住，再用大头针戳一个小洞 2. 给浇花器做一个支架

学习评价

教师对幼儿的交流、讨论情况，以及制作完成情况等进行评价，并引导幼儿对自己和他人的表现进行评价，见表 2-29。

表 2-29 "我制作的浇花器"环节评价表

评价内容	评价星级				教师评价	幼儿自评	幼儿互评
根据设计图制作，在制作过程中小组成员合作，任务分工明确，各司其职	☆	☆☆	☆☆☆	☆☆☆☆			
在遇到问题时，不轻易放弃，能充分讨论，创造性地提出解决问题的办法	☆	☆☆	☆☆☆	☆☆☆☆			
积极主动地进行小组间的学习与交流，根据学习对作品进行改进	☆	☆☆	☆☆☆	☆☆☆☆			
能在班级中分享在搭建过程中遇到的问题以及解决方法	☆	☆☆	☆☆☆	☆☆☆☆			
总评							

学习成果

在实际制作中，小组成员明确各自的任务，有的负责寻找材料，有的负责制作蓄水容器，有的负责制作自动出水口，有的负责制作支架。小组成员通过合作，共同实现制作目标，如图 2-54 所示。小组成员的配合与协商沟通能力都得到了极大提升。在解决制作过程中遇到问题时，各小组幼儿集思广益，一方面提升了解决问题的能力，另一方面促进了创造思维的发展。

图 2-54 幼儿分组制作的自动浇花器

第 4 课 展示我的风采

活动目标

1. 能在班级中大胆介绍本组制作的自动浇花器。
2. 根据同伴及老师的评价对制作的自动浇花器进行升级改造。

课时安排

1 课时，25 分钟。

评价与分享

游戏活动 1：展示风采

四个小组分别上台，进行展示汇报。

1. 展示作品，并进行浇花测试，见表 2–30。
2. 各小组成员分别根据自己负责的部分进行介绍（设计、材料、技术、问题等），并进行简单的浇花测试、操作演示（制作的自动浇花器能否自动浇花，水流速度是否缓慢）。
3. 教师对幼儿进行有效提问：在制作过程中遇到了哪些困难？是如何解决的？有什么新的发现？

表 2–30 自动浇花器作品展示

小组	材料	自动浇花器作品	功能及特点
浇花器 1 组	塑料瓶、筷子、吸管		短时给植物补充水分，维持植物的生长
浇花器 2 组	塑料瓶、吊水针管、PVC 管		可调节出水速度，出水速度慢，可适时延长浇水时间，适用国庆等长假
浇花器 3 组	塑料瓶、毛线、筷子		适合盆栽等，出水速度特别缓慢，适合长时间浇水

第 2 章　科学小探索

（续）

小组	材料	自动浇花器作品	功能及特点
浇花器 4 组	塑料瓶、PVC 管		稳固、适合高处的植物，便于给高处的植物浇水

迭代更新

游戏活动 2：玩一玩，测一测

1. 幼儿分组测试自动浇花器的功能，看看浇花器的结构是否稳定，能否顺利出水，达到浇花目的，如图 2-55 所示。

2. 在测试中发现的问题，小组进行讨论，如何解决问题，迭代更新，造出更完善的浇花器。

图 2-55　幼儿分组测试自动浇花器的出水情况

学习评价

幼儿以小组或个人的形式在班级中进行自动浇花器作品的展示与交流。教师将幼儿的设计图与作品一起进行展示。教师要关注每个幼儿的学习过程，进行拍照记录，适时给予评价和鼓励，并及时补充材料，撰写学习故事及观察、记录、评价幼儿，以及引导幼儿对自己和他人的表现进行评价,见表 2-31。

表 2-31 "展示我的风采"环节评价表

评价内容	评价星级				教师评价	幼儿自评	幼儿互评
听取其他组的意见,对本组的作品和其他组的作品进行评价	☆	☆☆	☆☆☆	☆☆☆☆			
能对自动浇花器进行测验,总结发现的问题	☆	☆☆	☆☆☆	☆☆☆☆			
能在班级中展示小组制作的作品	☆	☆☆	☆☆☆	☆☆☆☆			
积累经验以及听从建议,对今后的升级改造进行总结	☆	☆☆	☆☆☆	☆☆☆☆			
总评							

学习成果

幼儿能够在班级中客观地对本组与其他组的作品进行评价。小组成员针对评价内容总结制作经验,为今后的优化再升级提出想法。幼儿分组制作的自动浇花器如图 2-56 所示。

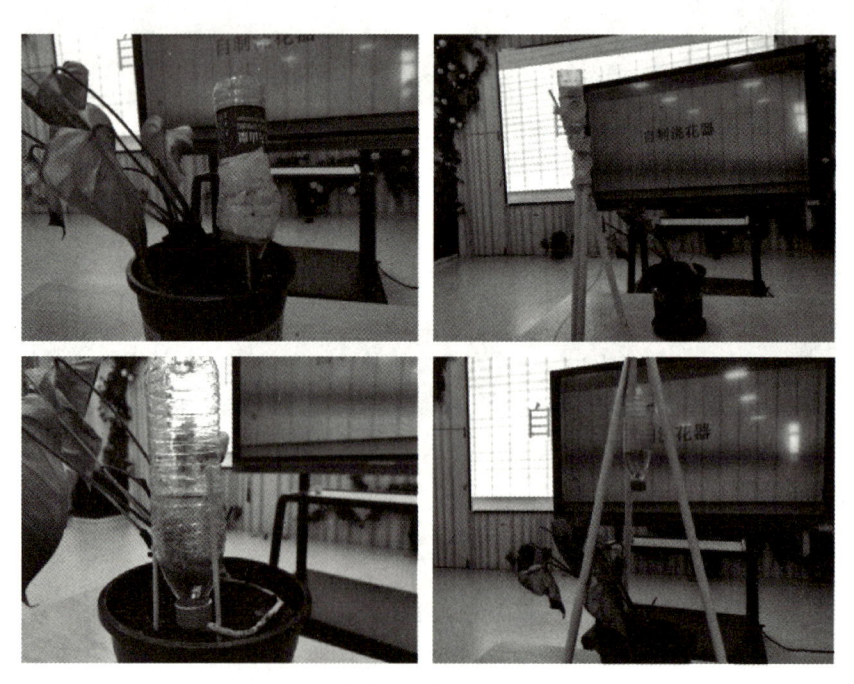

图 2-56 幼儿分组制作的自动浇花器

专家点评及教学建议

点评专家： 中国教科院 STEM 教育研究中心副主任　吕峰

一、整体评价

本次项目活动基于问题的驱动，引入问题情境，描述清楚，有启发性，能准确把握 STEM 教育的内涵；能激发幼儿探究的热情，启发幼儿思考，使幼儿的设计思维和创新思维得到提升。幼儿在活动过程中对自动浇花器的结构、功能、用法等有了清晰的认识，学会了对多学科知识的融合运用，也在教师的"启发—探究—实践—支持—呈现"的教学方法引导下有效解决了自己提出的问题。

在 STEM 教育中，教师要将自己摆在支撑的位置，更多地让幼儿成为活动的中心。在本次活动中教师要打开思路，用问题和情境引发幼儿的好奇心。

二、教学建议

1. 要善于发现新问题。在制作自动浇花器的活动后，教师要根据幼儿在使用及测试中的实际问题进行活动延伸，引导幼儿对自动浇花器进行深入探究。幼儿在活动中的探究与制作不能只关注作品本身，还应关注作品的投放、操作和使用等方面。例如，我们的自动浇花器能持续浇多久？如果放暑假，我们的自动浇花器还能持续给植物浇水吗？

2. 在项目活动开展之前，教师需要先构思好再进行，在活动中要将自动化这一概念嵌入，提升活动的挑战性。

3. 安全建议：在使用钻孔、刻刀等尖利物品时，教师要提醒幼儿注意安全。

2.5 课例5：火箭飞上天

课例提供： 合肥瑶海御景湾幼儿园　马娟娟、倪菊芬、付冬梅
课例指导： 合肥市瑶海区教育体育局　光善慧

项目导入

《3—6岁儿童学习与发展指南》指出，幼儿科学学习的核心是激发探究兴趣，体验探究过程，发展初步的探究能力。作为幼儿教师，我们要善于发现和保护幼儿的好奇心，充分利用自然和实际生活机会，引导幼儿通过观察、比较、操作、实验等方法，学习发现问题、分析问题和解决问题；帮助幼儿不断积累经验，并运用于新的学习活动，形成受益终身的学习态度和能力。

自从和孩子们一起看了神舟十六号飞天的新闻后，孩子们便经常自发地玩火箭发射的游戏。幼儿对火箭发射产生一堆疑问：火箭为什么能飞上天？我也能做一个火箭吗？由此，我们设计了本次科学活动"火箭飞上天"。整个活动以问题为导向，激发幼儿玩中思考、玩中学习，体现了操作中实验、记录中认知的特点。

项目目标

★科学（S）

了解关于火箭的简单知识，让科学思想嵌入幼儿的思维。

★技术（T）

通过操作、比较，知道小火箭发射的高度与力量的关系，培养幼儿用实验的方法解决问题的能力。

★工程（E）

1. 通过绘制设计图，设计出火箭的外部结构。
2. 了解火箭发射可以促进和推动科学技术的发展，更好地反映一个国家的高科技产业水平。

★数学（M）

建立数学基础知识，如数量、形状和空间等，培养幼儿的观察力、逻辑思维和推理能

第 2 章 科学小探索

力，发展运用数学语言和符号的能力。幼儿感知科技进步，萌发探索宇宙奥秘的兴趣。

教学流程

"火箭飞上天"教学流程如图 2-57 所示。

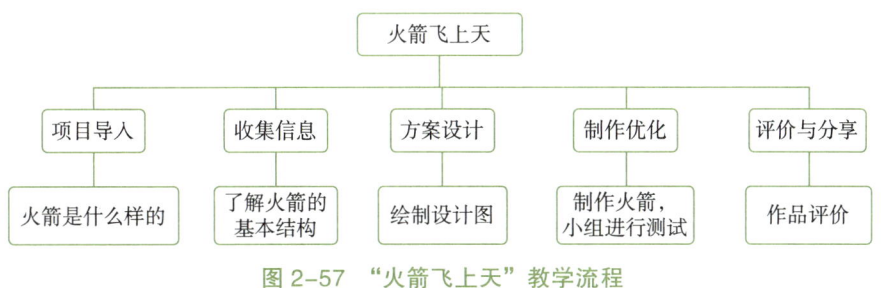

图 2-57 "火箭飞上天"教学流程

第 1 课　火箭的奥秘

活动目标

1. 了解关于火箭的简单知识。
2. 通过操作、比较，知道小火箭发射的高度与力量的关系，培养幼儿用实验的方法解决问题的能力。

课时安排

2 课时，50 分钟。

提出问题

游戏活动 1：看一看，提问题

1. 兴趣驱动，导入活动。

（1）视频导入，幼儿观看火箭发射视频，引出火箭。如图 2-58 所示。

（2）教师提出问题，引发幼儿思考：关于火箭，你知道什么？

（3）幼儿在观看视频时发现并提出关键性问题：火箭是如何发射的？火箭发射有什么作用呢？我们能不能做一个火箭呢？

2. 幼儿通过讨论，一致认为想要

图 2-58 幼儿观看火箭发射视频

知道火箭如何发射上天，首先要了解火箭有几个组成部分及其发射方法。

（1）幼儿再次观看火箭升天场面，引发进一步思考。

（2）教师根据幼儿提出的问题，引发幼儿进一步思考：能不能用废旧材料制作小火箭？

（3）教师引导幼儿仔细观察视频中的火箭，知道火箭是由几个部分组成的，了解火箭的构成，初步了解火箭的组成部分。

收集信息

游戏活动2：亲子调查

1. 教师发放火箭的奥秘调查表，见表2-32。

表2-32　火箭的奥秘调查表

姓名：＿＿＿＿＿　　班级：＿＿＿＿＿　　时间：＿＿＿＿＿

我见过的火箭	火箭的作用	火箭的基本结构	从哪里开始制作

2. 师幼讨论：确定调查内容。

3. 教师鼓励亲子共同运用多种途径（教师适当引导：网络搜索、手机查询、参观航天博物馆……）完成调查。

4. 教师指导幼儿学会留存调查资料，照片、音视频均可。

游戏活动3：调查分享

幼儿分享调查结果，教师进行记录。

1. 合作小组汇总调查情况，幼儿分别介绍、分享近期对火箭的调查结果（多种形式：网络火箭发射视频、资料查询、参观中国航天博物馆等）。

2. 通过上网查阅，幼儿发现：飞机、子弹、标枪的头都是尖尖的，而火箭的头也是尖尖的。这是为了在飞行时减小阻力，飞得更快。

3. 火箭是长长的，一节一节的，一般有三节，火箭需要燃料点火，才能发射。

4. 教师将幼儿分享的结果分类记录下来，方便幼儿梳理整理（火箭的组成、发射的原理、火箭发射给人类带来的好处等）。

学习评价

教师对幼儿的调查质量、亲子学习行为进行表现性评价，并引导幼儿对自己和他人的表现进行评价，见表2-33。

表 2-33 "火箭的奥秘"环节评价表

评价内容	评价星级				教师评价	幼儿自评	幼儿互评
观察了解火箭的基础知识，能大胆表达自己的收集见闻	☆	☆☆	☆☆☆	☆☆☆☆			
资料收集全面且丰富	☆	☆☆	☆☆☆	☆☆☆☆			
能与成员合作，共同完成任务	☆	☆☆	☆☆☆	☆☆☆☆			
对火箭的探究充满兴趣，积极参与活动	☆	☆☆	☆☆☆	☆☆☆☆			
总评							

学习成果

幼儿通过视频激发了好奇心和求知欲，通过亲自调查等方式初步了解了火箭的简单结构及制作材料，如图 2-59 所示。

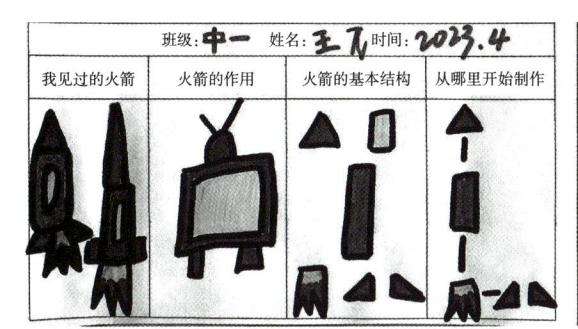

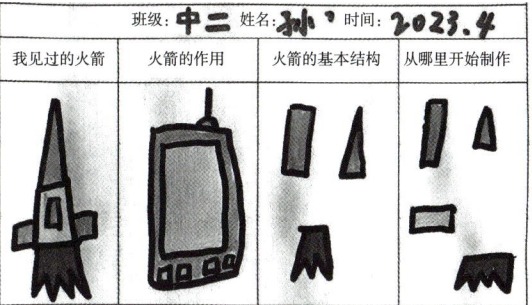

图 2-59 火箭调查内容

第 2 课 小火箭，我设计

活动目标

1. 通过科学小探索，了解火箭的相关知识和火箭升空的科学原理。
2. 通过绘制设计图设计出火箭的外部结构。

课时安排

1 课时，25 分钟。

🟢 科学小探索

游戏活动1：分组探索游戏

1.教师出示不同类型的火箭图片，请幼儿根据已知火箭的种类选择自己感兴趣的，并请幼儿说一说为什么要选择这种火箭；如果请你来建造这种火箭，准备选择什么材料，怎么搭建。

2.教师出示火箭图，师幼共同归纳总结，明确火箭的组成部分。

3.教师将火箭的组成部分拆分，放大展示在PPT上，引导幼儿仔细观察。

火箭分上下两个部分，上半部分顶舱装载人造卫星和各种空间探测器，下半部分由巨大的燃料箱和强大的发动机组成，旁边还有两个助推火箭，如图2-60所示。

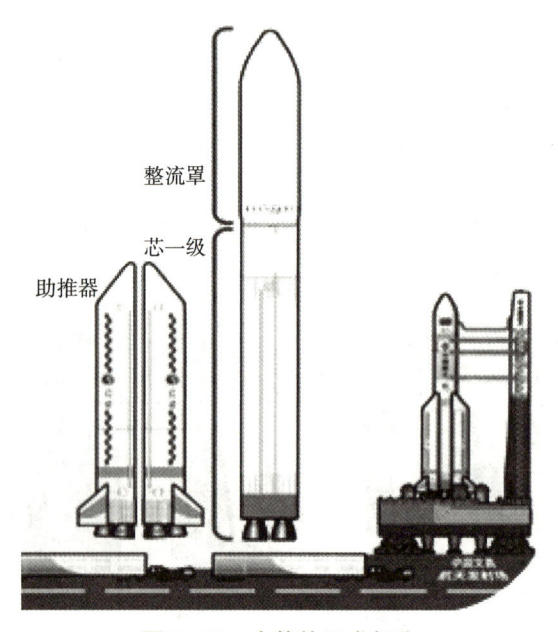

图 2-60 火箭的组成部分

🟢 设计方案

游戏活动2：我设计的火箭

1.幼儿分组，合作思考，提出难点。

2.幼儿根据已有经验，分组设计火箭图，见表2-34。

3.教师巡回指导。

在设计过程中，孩子们发现火箭的顶端是子弹头形的，火箭的机身是流线型的，表面材料十分光滑，目的是减少与空气的摩擦。

第 2 章 科学小探索 81

表 2-34 火箭设计图

第＿＿组设计稿	
小组成员	
所需材料	
我的设计	

游戏活动 3：分享设计图

幼儿分享火箭制作思路，如图 2-61 所示。

1. 幼儿分享解决方案：需要空气的推动，而且"火箭"不能制作得太大或太重（如何设计出能飞得高的"火箭"）。

2. 幼儿以小组为单位，对本组的设计图进行介绍，表达自己的想法和理念。

3. 幼儿根据大家的意见，再优化方案，准备制作。

学习评价

幼儿通过绘画，设计出火箭的外部结构。教师对幼儿的相互学习进行表现性评价，引导幼儿对自己和他人的表现进行评价，见表 2-35。

图 2-61 幼儿分享火箭制作思路

表 2-35 "小火箭，我设计"环节评价表

评价内容	评价星级				教师评价	幼儿自评	幼儿互评
了解火箭的外部结构，画设计图	☆	☆☆	☆☆☆	☆☆☆☆			
积极参与小组活动，在小组中大胆表达自己的想法，语言表达清楚	☆	☆☆	☆☆☆	☆☆☆☆			
能确定制作火箭的主要内容，并根据需求进行人员分工	☆	☆☆	☆☆☆	☆☆☆☆			
知道制作火箭的顺序与步骤，明确制作方案	☆	☆☆	☆☆☆	☆☆☆☆			
总评							

学习成果

幼儿通过制作火箭设计图明确了火箭的种类。小组成员探讨人员分工与所需要的材料，如图 2-62 所示。

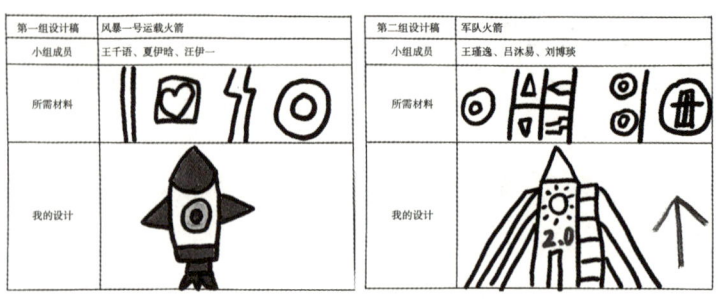

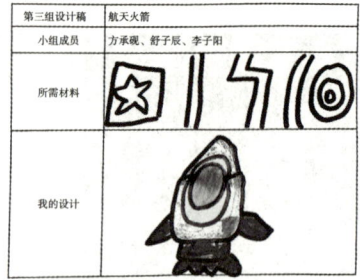

图 2-62　火箭设计图

第 3 课　小火箭，我制作

活动目标

1. 通过实验，选择制作"火箭"的材料和工具。
2. 根据设计图，制作小火箭模型。

活动课时

1 课时，25 分钟。

材料选择

游戏活动 1：选择制作"火箭"所需材料

1. 讨论问题：根据本组的设计图，确定制作"火箭"的材料、工具有哪些？
2. 各小组根据前期的设计方案，选择本组要用的材料。

硬件材料要求：符合项目活动需要的一切废旧、安全、环保材料。

材料清单：卡纸（10 张）、泡沫板 4 个（每组 1 个）、双面胶 4 卷（每组 1 卷）、幼儿剪刀（一人一把）、吸管、塑料管、手捏气囊（4 个）、锡纸等。

创意制作

游戏活动 2：我来造火箭啦

小组合作，完成项目，如图 2-63 所示。

1. 幼儿回忆火箭的结构，由哪几部分组成。
2. 幼儿讨论：组装火箭的步骤和顺序。
3. 重难点：火箭能起飞主要依靠什么？
4. 各小组依据所设计图，合作完成火箭模

图 2-63　小组制作火箭

型并进行测试。

5.教师巡视，给予提示和适当指导。

解决问题

游戏活动 3：我的发现及解决策略

幼儿在制作火箭的过程中发现的问题及解决策略见表 2-36。

表 2-36 幼儿在制作火箭的过程中发现的问题及解决策略

制作项目	发现的问题	解决策略
多重加固机身	加厚机身的最初目的是增强机身的坚固性和质感，没想到同时加重了机身重量，出现了难发射、发射高度低的问题	减轻机身负担，采用加强黏合技术来增强机身的坚固性
节胶减重	火箭不够稳固，底座容易散架、漏气	增强锡纸连接处的契合度，将每一片双面胶都用到关键处，做到既节省固体胶又牢固
笔直吸管助力	火箭起飞时路线不直，易歪道，而且笔直的吸管不利于输送空气	将笔直的吸管改成 90° 弯吸管
喷射枪	塑料泡沫管重量太轻，导致手捏气囊用力一捏泡沫管就不按照路径飞了	增加机身重量

学习评价

幼儿分组，根据本组任务制作了火箭，确定了制作火箭所需的材料、工具等。教师对幼儿的合作进行表现性评价，并引导幼儿对自己和他人的表现进行评价，见表 2-37。

表 2-37 "小火箭,我制作"环节评价表

评价内容	评价星级				教师评价	幼儿自评	幼儿互评
根据设计图制作火箭,在制作过程中小组成员合作,任务分工明确,各司其职	☆	☆☆	☆☆☆	☆☆☆☆			
在遇到问题时,不轻易放弃,能充分讨论,创造性地提出解决问题的办法	☆	☆☆	☆☆☆	☆☆☆☆			
积极主动地进行小组间的学习与交流,根据学习情况对作品进行改进	☆	☆☆	☆☆☆	☆☆☆☆			
能在集体面前分享制作中遇到的问题以及解决方法	☆	☆☆	☆☆☆	☆☆☆☆			
总评							

学习成果

幼儿通过合作完成火箭的制作,在发现问题、解决问题的过程中提升制作能力及创造性地解决问题的能力,如图 2-64 所示。

图 2-64 幼儿分组制作的火箭

第 4 课 火箭发射大比拼

活动目标

通过火箭发射大比拼,培养知识建构能力、创新创造能力、解决问题的能力、沟通合作能力及国际视野等。

课时安排

1 课时,25 分钟。

第 2 章 科学小探索

> 评价与分享

游戏活动1：分享我的火箭

1. 幼儿展示作品，进行发射测试。

2. 各小组成员针对自己所负责的部分进行汇报以及心得分享（材料、设计、特点、问题、技术等）；操作并演示火箭发射，并进行简单的发射高度测验（火箭能否顺利发射，能否保持直线路线，发射的高度如何）。

3. 教师对幼儿进行提问：在制作过程中有没有遇到什么困难？面对困难时的心情如何？困难是怎么解决的？从中有没有什么收获？

4. 小组制作的火箭作品，见表2-38。

表 2-38 小组制作的火箭作品

小组	材料	火箭作品	功能及特点
多重加固机身组	卡纸、泡沫板、弯吸管、双面胶		适合结构简单的火箭发射，由纵向和横向的加强件构成，承受地面操作和飞行中的外力，维持良好的气动外形，保持火箭的完整性
节胶减重组	锡纸、固体胶、弯吸管		适合大容量的火箭发射，可以在单位重量下最大限度地增加火箭的内部空间和携带量
笔直吸管助力组	直吸管、卡纸、泡沫胶		适合载重量较轻的火箭，可以尝试不同的吹气速度和力量，观察火箭的飞行轨迹和速度的变化
喷射枪组	塑料管、手捏气囊		适合幼儿通过感官去观察火箭发射需要的能量大小

> 迭代更新

游戏活动2：玩一玩，测一测

1. 各组拿出自己的火箭，看谁的火箭飞得高；每组宣传推荐自己的作品；发现问题，及时迭代更新。

2. 通过测试作品，玩、比赛、推荐等一系列活动，教师让幼儿介绍自己的创意想法及发现问题时的解决策略，体验创作的快乐，如图 2-65 所示。

图 2-65　火箭比赛

学习评价

各小组成员展示作品，进行发射测试，针对自己所负责的部分进行汇报以及分享心得。教师对学生的展示进行评价，并引导幼儿对自己和他人的表现进行评价，见表 2-39。

表 2-39　"火箭发射大比拼"环节评价表

评价内容	评价星级				教师评价	幼儿自评	幼儿互评
听取其他组的意见，对本组的作品和其他组的作品进行评价	☆	☆☆	☆☆☆	☆☆☆☆			
能对火箭的稳定进行测验，总结发现的问题	☆	☆☆	☆☆☆	☆☆☆☆			
能在班级中展示小组制作的作品	☆	☆☆	☆☆☆	☆☆☆☆			
积累经验以及接受建议，对今后的升级改造进行总结	☆	☆☆	☆☆☆	☆☆☆☆			
总评							

学习成果

小组成员能够在班级中客观地对本组与其他组的作品进行评价，针对评价内容总结制作经验，为今后的优化再升级提出想法。小组展示如图 2-66 所示。

图 2-66 小组展示火箭

专家点评及教学建议

点评专家： 合肥市瑶海区教育体育局　光善慧

一、整体评价

《3-6岁儿童学习与发展指南》指出，幼儿的科学学习是在探究具体事物和解决实际问题中，尝试发现事物间的异同和联系的过程。在本次项目中老师发现幼儿的兴趣点，在幼儿的兴趣下，开启了这一次有趣的科学探索。幼儿通过实验、比较得出火箭的头是尖尖的结论。幼儿通过比较知道粗浅的科学认知，再放眼到生活中通过实践、验证、巩固、加强这一科学认知。幼儿的主动探索活动，能激发幼儿对科学的好奇心和兴趣，培养幼儿发现问题、研究问题、解决问题的能力，培养幼儿的科学素养，开发幼儿的科学潜能。活动的目的在于保持幼儿的好奇心，激发幼儿探索火箭上天的兴趣，萌发祖国强大的自豪感，使他们从小就善于观察和发现，从而感觉到"科学并不遥远，科学就在身边"。活动让幼儿真正理解科学、热爱科学，达到有价值、有意义的教学目的。

二、教学建议

1. 在幼儿分组进行设计、制作火箭时，教师如何支持与回应，如何帮助幼儿通过不断地探知、动手、改善，最终完成心中想要的火箭作品，需要教师深入思考。

2. 安全建议：教师要提醒幼儿火箭发射时要向天空发射，不要对着小伙伴。

3. 在小组比赛中，教师要引导幼儿讨论谁的小火箭飞得最高，并说明原因。

2.6 课例6：有趣的瓶子漩涡

课例提供： 厦门市科技幼儿园 周碧霞
课例指导： 合肥市瑶海区教育体育局 光善慧

项目导入

著名教育家杜威说过，"孩子通过游戏了解生活，通过游戏了解世界。"陈鹤琴先生认为，"游戏是儿童的生命。"游戏可以给孩子快乐、经验、学识、思想和健康，它具有重要的教育价值。故教师应顺应幼儿游戏和生活中的学习与探究兴趣，创造丰富的教育环境，使幼儿在生活中游戏，在游戏中探究，在探究中发现，从而促进幼儿身心全面发展。

班级洗手池每天都围着一些幼儿，他们总是不想离开。经过几天的观察，我发现原来他们在玩水池漩涡，在比较哪个池里的水转得快，下去得快……辰辰说："我用手在水池里快速转一转、搅一搅，水更快转下去。"睿睿说："我不用手，水也可以转下去。"小宇说："水漩涡真好玩，我们来做一个吧。"……幼儿对于玩"漩涡"产生了极大的兴趣，于是一个关于探究、创造"漩涡"的游戏开启了……

项目目标

★ **科学（S）**

1. 运用多种方法查找、收集漩涡的相关资料，发展多元获取知识的能力。
2. 探寻各种漩涡的形成条件，感知和发现漩涡形成的物理原理。
3. 通过装饰瓶子，及增加瓶内小物体、改变物体形状等，制作美丽的瓶子漩涡，丰富幼儿的想象力和创造力。

★ **技术（T）**

1. 反复尝试运用各种黏合技巧，对漩涡瓶进行调试和优化，获得制作瓶子漩涡的核心技能和技术。
2. 改造漩涡瓶及瓶中的材料，探索材料的适宜性，发展动手操作能力及认真专注、敢于探究和尝试的学习品质。

★ 工程（E）

1. 能创造性地绘制漩涡设计图，并综合运用各类制作技能：黏合、连接、钻孔、旋转、组装等进行创作，能在不断尝试中优化漩涡瓶的外观及内部物质结构，发展幼儿的创造性设计思维。

2. 收集各种生活中的材料，并利用瓶子、瓶盖、连接器等材料完成瓶子漩涡的制作。

★ 数学（M）

1. 对物体的数、量、形、空间关系及物理现象等进行探究，提高运用科学思维与空间思维解决问题的能力。

2. 在制作过程中，探究、发现漩涡的大小、存在时间长短与瓶子形状、摇晃的方法及旋转的方向有关系，尝试归类、判断、推理、归纳，提升幼儿的逻辑思维能力与质疑精神。

教学流程

"有趣的瓶子漩涡"教学流程如图 2-67 所示。

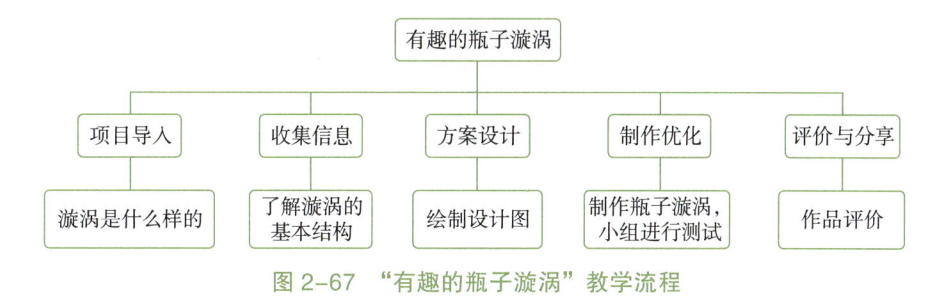

图 2-67 "有趣的瓶子漩涡"教学流程

第 1 课　各种各样的漩涡

活动目标

1. 对探究"漩涡"感兴趣，尝试从多角度发现不同的漩涡，感受漩涡的美。
2. 初步了解漩涡的形成原理。
3. 知道大自然漩涡的危险，懂得自我保护。

课时安排

2 课时，50 分钟。

提出问题

游戏活动 1：看一看，提问题

1. 教师展示"各种各样的漩涡"图片及视频。幼儿观察生活及自然中常见的漩涡，如颜料、奶油漩涡，水池、浴缸、洗衣机、大海里的漩涡等，如图2-68所示。教师激发幼儿积极思考，提出问题：各种漩涡是怎样形成的？它们有哪些共同特点？由此幼儿产生了强烈的探究兴趣，了解了漩涡形成原因以及漩涡的美丽与神秘，知道在大自然中漩涡存在危险，应该远离危险等。

图 2-68 各种各样的漩涡

2. 幼儿探寻水漩涡形成的原因，看一看，想一想，说一说，感受漩涡的外形特点。

幼儿就有关漩涡的问题分组讨论，并提出了一系列问题：

（1）我们看到的漩涡是怎么形成的？

（2）为什么漩涡中间都有洞？

（3）怎样才能做出有漩涡的水流？

游戏活动2：玩一玩，乐探索

1. 幼儿带着自己的问题，开始玩幼儿园里的漩涡，如洗手池、水缸、水桶等，如图2-69所示。在玩时，他们发现漩涡形成的关键是水、同一方向、快速旋转，并边玩边讨论：产生漩涡可以用手快速转动水，或用工具快速旋转水。同时，他们还发现原来漩涡是水的一种运动，真有趣。

图 2-69 幼儿园里的漩涡

2. 幼儿想玩像水一样运动的"漩涡转"游戏，于是教师组织幼儿玩音乐游戏"漩涡转呀转"。幼儿根据场地上的箭头标识，跟着音乐节奏玩快、慢螺旋形旋转走或创意动作表演游戏等，体验"漩涡"旋转运动的快乐。

收集信息

游戏活动 3：亲子调查

教师鼓励幼儿与家长共同完成调查，进一步感知漩涡的形成特点及基本结构。

1. 师幼讨论：确定调查内容，发放漩涡调查表，见表 2-40。
2. 教师鼓励亲子运用多种方式（教师适当引导：网络搜索、手机查询、查阅书籍、访问相关人员、科技馆实地考察等）完成调查。

表 2-40　漩涡调查表

姓名：_____　　班级：_____　　时间：_____

我找到（或玩过）的漩涡	我见过的漩涡	漩涡的本领	漩涡的基本结构	想做什么样的漩涡

游戏活动 4：调查分享

教师请幼儿介绍自己的调查内容，并进行集体讨论，如图 2-70 所示。

图 2-70　幼儿介绍漩涡调查内容

学习评价

教师对幼儿的交流、讨论情况，以及调查完成情况进行评价，并引导幼儿对自己和他人的表现进行评价，见表 2-41。

表 2-41　"各种各样的漩涡"环节评价表

评价内容	评价星级				教师评价	幼儿自评	幼儿互评
了解几种常见的漩涡及其形成特点、结构	☆	☆☆	☆☆☆	☆☆☆☆			

(续)

评价内容	评价星级				教师评价	幼儿自评	幼儿互评
主动调查有关漩涡的资料，在班级中大胆分享	☆	☆☆	☆☆☆	☆☆☆☆			
对探究漩涡感兴趣，积极参与探究活动	☆	☆☆	☆☆☆	☆☆☆☆			
总评							

学习成果

幼儿了解了生活中各种漩涡的特点，发现了漩涡的趣味及危险，通过调查初步了解了漩涡的基本结构。漩涡调查内容如图2-71所示。

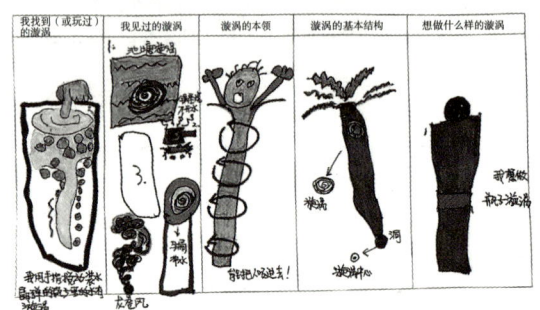

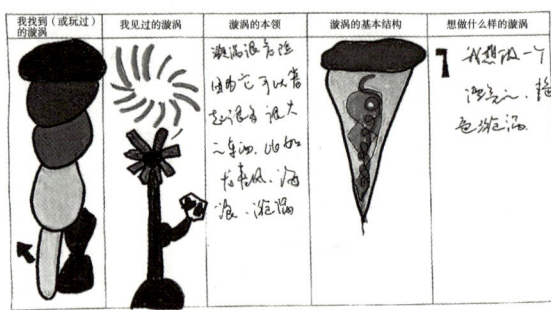

图2-71 漩涡调查内容

第2课 我设计的瓶子漩涡

活动目标

1. 了解瓶子漩涡的结构特点，能用单瓶、双瓶设计不一样的瓶子漩涡。
2. 知道根据不同的人的需求设计不同的瓶子漩涡，绘制设计图。

课时安排

2课时，50分钟。

科学小探索

游戏活动1：瓶子漩涡小实验

1. 中班的幼儿自由分组采访小班、大班的幼儿，通过与他们交谈，了解他们喜欢什么样的瓶子漩涡，并做好记录。

2.根据采访结果,小组分享、讨论,初步确定制作方案:中班幼儿年龄小,可以做简单的,如单瓶漩涡;大班幼儿年龄大,可以做复杂的,如双瓶漩涡或电动漩涡。同时,根据每个人的不同喜好,设计情境装饰瓶子,如男生设计大海、树林、动物世界等,女生设计花园、果园等。

3.幼儿依据小组制作方案,探究各种制作瓶子漩涡的材料。

(1)教师提供各种不同形状、大小的透明塑料瓶、饮料瓶等,以及彩色小绒球、小花瓣、树叶、瓜子壳、果皮、彩色小石子、铁螺母等。

(2)幼儿分别在不同形状的瓶子里装好水进行实验,发现三角形、方形、太瘦的瓶子不会产生漩涡;单个饮料瓶、矿泉水瓶也不容易产生漩涡;单个宽口圆柱形瓶可以产生漩涡,且宽口圆柱形瓶身越粗漩涡越大,瓶身越高涡线越长;在进行双瓶制作时,上下两个瓶不一样大,瓶盖连接器不牢固,部分瓶子不容易产生漩涡。最后大家得出结论:单个宽口圆柱形瓶可以产生漩涡,在进行双瓶制作时,上下两个瓶要一样大。

(3)幼儿在瓶子里添加自己喜欢的物体时,发现较小的、浮在水面上的彩色小绒球、瓜子壳等可以跟着水漩涡一起旋转,观察出水漩涡的转动方向和速度;树叶、果皮太大不容易转动,但将它们剪细小后可以跟着水漩涡转动;彩色小石子、铁螺母等沉在水底不能随漩涡转动。大家得出结论:瓶子里添加的物体应是细小、能漂浮的物体。

(4)最终每个小组根据测试结果各自选择了最佳的制作材料。

设计方案

游戏活动2:我来设计瓶子漩涡

1.设计各种各样的瓶子漩涡图。

(1)教师展示几种有关漩涡的视频,引导幼儿进一步了解瓶子漩涡的基本结构及形成原理,请幼儿回答:根据你的采访,小班或大班幼儿需要什么样的瓶子漩涡?你想选择什么材料?怎样制作?需要哪些工具?

(2)各小组绘制设计图,见表2-42。

表2-42 瓶子漩涡设计图

"我设计的瓶子漩涡"_____组设计稿	
小组成员:	
设计图	
所需材料	

（3）根据小组讨论结果，小组成员设计瓶子漩涡，如图2-72所示。

图2-72　幼儿分组设计瓶子漩涡

2.每个小组通过投票，确定最终的瓶子漩涡设计稿，如图2-73所示。

图2-73　小组投票确定瓶子漩涡设计稿

游戏活动3：分享设计图

设计图完成后，小组成员上台介绍设计思路及设计意图，如图2-74所示。

1.介绍本组设计的瓶子漩涡种类及漩涡形成的原理。

2.介绍选择什么材料、材料的特点及制作的初步设想。

图2-74　幼儿介绍瓶子漩涡设计图

学习评价

教师对幼儿前期的任务完成情况和质量，以及绘制设计图、分享情况等进行评价，并引导幼儿对自己和他人的表现进行评价，见表2-43。

表 2-43 "我设计的瓶子漩涡"环节评价表

评价内容	评价星级				教师评价	幼儿自评	幼儿互评
能积极采访、搜集相关信息，并在小组内汇报	☆	☆☆	☆☆☆	☆☆☆☆			
乐意参与小组活动，在小组中大胆表达自己的想法，语言表达较完整	☆	☆☆	☆☆☆	☆☆☆☆			
能与小组成员合作确定方案、搜集数据，并按需求进行人员分工	☆	☆☆	☆☆☆	☆☆☆☆			
知道根据不同的人的需求设计个性化的瓶子漩涡	☆	☆☆	☆☆☆	☆☆☆☆			
总评							

学习成果

小组成员通过绘制设计图明确了制作瓶子漩涡的种类，探讨了人员分工与所需要的材料，如图 2-75 所示。

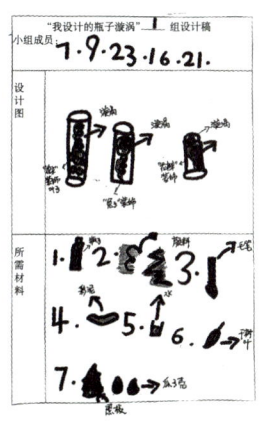

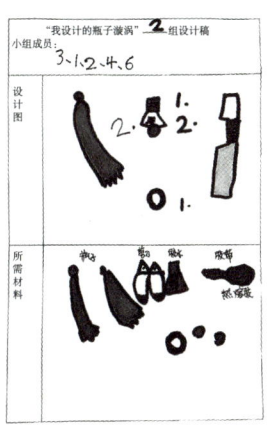

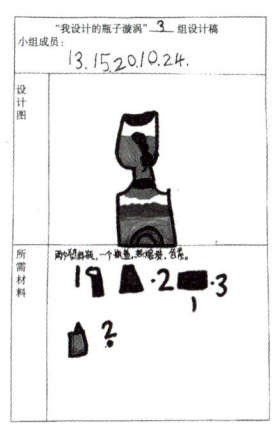

图 2-75 幼儿分组设计的瓶子漩涡

第 3 课　我制作的瓶子漩涡

活动目标

1. 根据设计图分享制作思路，尝试解决在制作中遇到的问题。

2. 对照设计图，整合资源，共同完成制作瓶子漩涡的任务。

课时安排

2课时，50分钟。

选择材料

游戏活动1：找一找制作瓶子漩涡的材料

1. 亲子搜集材料：符合项目活动需要的安全、环保材料（鼓励废物利用）。

材料清单，如图2-76所示。

各种高矮、直径不同的宽口透明圆柱形瓶子。饮料瓶、矿泉水瓶、实验瓶、白乳胶、防水胶带、胶枪、小塑料花、小胶粒、彩色小绒球、水果皮、瓜子壳、果仁壳、丙烯颜料、色素、小量杯、滴管、细吸管、电池、电动机、电线、涡轮、螺丝刀、剪刀、毛笔、十字钻等。

2. 教师引导幼儿讨论各种材料的基本特性，指导各组获取合适的制作材料。

3. 幼儿自主分组：宽口瓶漩涡组、双瓶漩涡组、实验瓶漩涡组和亲子电动漩涡组。教师鼓励家长带领幼儿扩大收集范围，收集各小组预设的所需材料，整合社会、家庭、幼儿园的资源。

图2-76 制作瓶子漩涡的材料清单

创意制作

游戏活动2：做一做有趣的瓶子漩涡

1. 小组对照设计图，解决实际问题：制作瓶子漩涡需要做哪些事情？根据每个幼儿的兴趣，做好分工，如图2-77所示。

2. 幼儿针对制作过程中出现的问题进行小组讨论，商讨解决方法。

图2-77 小组制作瓶子漩涡

解决问题

游戏活动 3：我的发现及解决策略

幼儿在制作瓶子漩涡的过程中，每个组都发现了不同的问题，进行了组内讨论，突破难点，找到了解决策略，见表 2-44。

表 2-44　幼儿在制作瓶子漩涡的过程中发现的问题及解决策略

制作项目	发现的问题	解决策略
双宽口瓶制作双瓶漩涡	1. 两个宽口瓶盖接触面过大，不易固定 2. 在使劲摇晃时容易松开	几番尝试后，孩子们决定调整方案，宽口瓶做单瓶漩涡，双瓶漩涡选择瓶口小、接触面积小的饮料瓶和矿泉水瓶等
饮料瓶制作双瓶漩涡	1. 不容易找到合适的连接器 2. 两个瓶盖固定后容易脱落 3. 孔洞太小，上瓶的水流不下来	经过商讨后，孩子们决定用热熔胶枪，争取家人的帮助，完成打孔、对准、固定、黏合，制作双瓶连接器。同时调整孔洞大小
实验瓶制作双瓶漩涡	1. 双瓶在摇晃时出现漏水 2. 在制作花瓣漩涡时，花瓣堵住瓶口，水漏得慢，不容易产生漩涡	孩子们经过多次尝试与讨论后，发现瓶子连接器需要旋得很紧，制作的材料如花瓣或树叶等，需要剪得更细小
亲子制作电动漩涡	瓶口容易漏水，一漏水电机就启动不了	孩子经过与家长商量后，使用防水胶布将瓶口固定，解决了漏水问题

学习评价

教师对幼儿的交流、讨论情况、作品完成程度，以及解决问题的情况等进行描述性评价，并引导幼儿对自己和他人的表现进行评价，见表 2-45。

表 2-45　"我制作的瓶子漩涡"环节评价表

评价内容	评价星级				教师评价	幼儿自评	幼儿互评
根据设计图分享制作思路、尝试解决发现的问题	☆	☆☆	☆☆☆	☆☆☆☆			
整合资源，根据小组计划收集所需材料	☆	☆☆	☆☆☆	☆☆☆☆			
对照设计图，各小组尝试分工合作制作漩涡瓶	☆	☆☆	☆☆☆	☆☆☆☆			
总评							

学习成果

小组通过合作完成了瓶子漩涡的制作，在发现问题、解决问题的过程中提升了制作技能以及创造性地解决问题的能力，如图 2-78 所示。

图 2-78 幼儿分组制作的瓶子漩涡

第 4 课　展示我的风采

> 活动目标

1. 在项目活动中，能大胆介绍漩涡作品，感受合作、分享的乐趣，体验解决问题的成就感。

2. 根据同伴及老师的评价对漩涡作品进行升级改造。

3. 能大胆向小班、大班幼儿赠送作品，并完整讲述作品的优缺点（设计、材料、技术、玩法、问题等）。

> 课时安排

1 课时，25 分钟。

> 评价与分享

游戏活动 1：分享我制作的瓶子漩涡

1. 各小组展示、汇报，并进行验证。

2. 各小组成员分别根据自己负责的部分进行介绍（设计、材料、技术、问题等），并进行简单的测试、操作演示。

3. 幼儿创造性地使用瓶子漩涡进行游戏，再次进行测试，扩大产品使用范围。

4. 教师有效提问：在制作过程中遇到了哪些困难？是如何解决的？有什么新的发现？瓶子漩涡作品展示见表 2-46。

表 2-46　瓶子漩涡作品展示

小组	材料	瓶子漩涡作品	功能及特点
宽口瓶漩涡组	高矮、大小不同的各种宽口透明瓶、丙烯颜料、超轻彩泥、毛笔、瓜子壳、果仁壳、果皮、剪刀		适合低龄幼儿的游戏。宽口瓶的瓶口大，瓶盖与瓶身比较容易旋合，瓶内的漩涡现象比较明显，制作比较简单，有利于小班幼儿操作、观察、游戏

第 2 章　科学小探索　99

（续）

小组	材料	瓶子漩涡作品	功能及特点
双瓶漩涡组	各种饮料瓶、胶枪、胶棒、防水胶带、剪刀、丙烯颜料、毛笔		适合中大班幼儿的游戏。两个瓶盖及中间小孔洞的对应、连接、加固，双瓶的外观装饰与旋合，制造瓶子漩涡的摇晃角度、力度，以及现象等需要较长时间探索与发现
实验瓶漩涡组	透明实验瓶、连接器、色素、滴管、小透明塑料杯、小塑料花、小胶粒、细吸管、彩色小绒球、剪刀等		适合中班幼儿的游戏。双瓶与连接器的稳固连接，实验颜料的调配，以及创意组合玩个性化的双瓶漩涡，可小组合作探究
亲子电动漩涡组	透明矿泉水瓶、连接器、电线、电池、电动机、涡轮、底座、剪刀、防水胶布、色素等		适合中大班亲子的游戏。幼儿可运用配色方法制作多彩的漩涡，家长需要协助检查发电机的安装，瓶子与连接器的无缝连接（预防漏水）等

迭代更新

游戏活动 2：玩一玩，测一测

1. 幼儿测试自己的瓶子漩涡，观察瓶子的牢固性以及能否产生漩涡，同时邀请教师加入检测，如图 2-79 所示。

2. 在测试过程发现的问题，小组进行讨论，提出解决问题的方案，进行作品迭代更新。

图 2-79　幼儿测试漩涡瓶子的牢固性及成功率

学习评价

教师要关注每个幼儿的学习过程，进行拍照记录，适时给予评价和鼓励，并及时补充材料，撰写学习故事及观察、记录、评价幼儿，以及引导幼儿对自己和他人的表现进行评价，见表2-47。

表2-47 "展示我的风采"环节评价表

评价内容	评价星级				教师评价	幼儿自评	幼儿互评
听取其他组的意见，对本组的作品和其他组的作品进行评价	☆	☆☆	☆☆☆	☆☆☆☆			
能对瓶子的牢固性及漩涡成功率进行测试，总结发现的问题	☆	☆☆	☆☆☆	☆☆☆☆			
能在班级中展示小组制作的作品	☆	☆☆	☆☆☆	☆☆☆☆			
积累经验以及接受建议，对今后的升级改造进行总结	☆	☆☆	☆☆☆	☆☆☆☆			
总评							

学习成果

小组成员能够在班级中客观地对本组与其他组的瓶子漩涡进行评价，针对评价内容总结制作经验，为今后的作品优化再升级提出想法。各组展示瓶子漩涡如图2-80所示。

图2-80 各组展示瓶子漩涡

专家点评及教学建议

点评专家：合肥市瑶海区教育体育局 光善慧

一、整体评价

本次项目活动从发起到开展，都能把握幼儿的兴趣点。教师观察幼儿的行为及话题讨论等，充分遵循幼儿的心声。在这一过程中，教师紧随幼儿的兴趣点，师幼在不断发现问题并解决问题的过程中获得STEM活动带来的乐趣。在活动中，幼儿首先了解各种各样的漩涡，在此基础上，不仅知道了漩涡的基本结构，并且能够成功地设计并完成制作任务。通过这样的制作活动，幼儿一方面熟练掌握各种黏合、连接技能及旋转方法，另一方面在小组合作中进一步提升数学思维、工程素养、技术掌握、科学探索等方面的能力。幼儿在"思考—设计—制作—优化—发现问题—解决问题—体验成功"的过程中，进一步培养专注、坚韧、敢于探究和尝试、乐于想象和创造等良好学习品质以及解决问题的能力。

二、教学建议

1. 在制作瓶子漩涡的过程中，可以多增加一些挑战性材料。幼儿在对不同材料的探索使用中，所收获的制作经验，以及对不同材料的综合运用能力将会得到提升。不同材料需要不同的制作方法，而在经历从失败到成功的过程中，幼儿对于技能的掌握、手脑的协调配合，以及创新意识等都是在玩中学到的，在玩中收获的。这种积累经验的方式，才是适合幼儿学习的方式。

2. 不同小组在制作中遇到了不同的问题，教师可以以此为教育契机进行深入探索，如"如何精准筛选生活中的材料？""如何转动瓶子增加漩涡的大小及时长？""怎样使用先进的电路或磁场使漩涡旋转起来？"等。而这种在制作过程中的具体问题每个小组该如何解决，教师如何有效支持与回应，怎么帮助幼儿通过不断地调整、改造，最终完成制作及作品的升级改造，需要教师深入观察与解读。教师要在更细致的观察中，走进幼儿的游戏过程，及时捕捉游戏探究中的生长点，更系统地提升幼儿各方面的STEM能力。

3. 安全建议。在为瓶子钻孔及黏合瓶盖时，教师要提醒幼儿注意安全。另外，教师要提醒幼儿节约用水，树立环保意识。

第 3 章

建构我们的生活

- 课例7：给小树穿冬衣
- 课例8：晚安，小夜灯
- 课例9：野战区的"担架"
- 课例10：车车向前冲

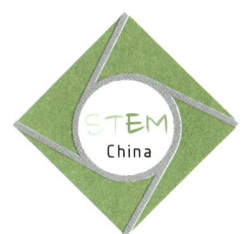

3.1 课例7：给小树穿冬衣

课例提供：安徽省合肥市中科大幼儿园　丁海燕、江欣茹
课例指导：安徽省合肥市中科大幼儿园　张丹虹

项目导入

《3—6岁儿童学习与发展指南》指出，中班年龄段的幼儿喜欢接触新事物，经常问一些与新事物有关的问题；常常动手动脑探索物体和材料，并乐在其中。

冬天来了，在晨间户外活动时，小朋友们发现小区里的环卫工人们正在给小树涂上一层白色的液体。这时有孩子问："老师，那涂的是什么啊？""这个我知道！是防止小树冻伤的！""这是防止小树被虫子咬的。"就这样孩子们对于小树身上的神秘液体产生了兴趣。"那我们幼儿园的树怎么没有呢？""我想给它们也穿上冬衣！""我可以用我们美工区的绳子！""我可以用报纸！"在这个寒冷的冬天，他们正在启动着一个温暖的计划。

项目目标

★科学（S）

了解不同树木的结构和生长特点，知道为小树穿冬衣可以保暖过冬；能察觉植物与生存环境的关系，知道爱护植物。

★技术（T）

能在多种材料中选择最合适的材料制作小树的冬衣，认识并会使用常见的工具进行连接和固定。

★工程（E）

尝试设计出自己想要制作的小树冬衣，能够用语言简单地表达出自己设计的小树冬衣和需要的材料。

★数学（M）

能发现制作中出现的问题并调整，能利用常用测量方法测量所需材料的多少。

教学流程

"给小树穿冬衣"教学流程如图 3-1 所示。

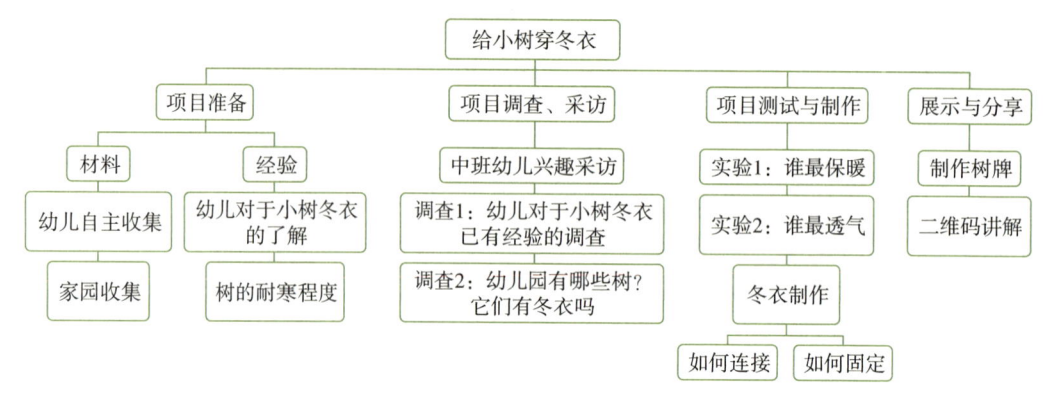

图 3-1 "给小树穿冬衣"教学流程

第 1 课 小树冬衣大调查

活动目标

1. 了解园内小树的种类，知道小树穿冬衣的原因。
2. 根据小树冬衣的不同种类，寻找不同材质的制作材料。

课时安排

2 课时，50 分钟。

提出问题

游戏活动 1：园内小树，我知道

1. 观察导入，激发兴趣。

教师带领幼儿实地观察园里的树并展开调查，激发探究小树冬衣的兴趣。

2. 教师提出关键问题："小树为什么穿冬衣？它们都需要冬衣吗？它们耐寒吗？它们穿的衣服是否一样？"引导幼儿观察思考。

游戏活动 2：小树冬衣，我探索

1. 教师通过提问，引导幼儿进一步深入思考：幼儿园里的小树需要冬衣吗？小树有哪些种类的冬衣？

2. 师幼再次讨论各种各样的小树冬衣，深入发现生活中小树冬衣的不同种类，积极探索各式各样的小树冬衣。

3. 幼儿通过交流讨论、查找图片视频资料等方式了解生活中小树冬衣的基本种类：防冻液、麻绳等，如图 3-2 所示。

第 3 章 建构我们的生活　105

图 3-2　小树冬衣

收集信息

游戏活动 3：小树冬衣，我调查

1. 开展小树冬衣经验大调查：搜集幼儿关于"小树冬衣"的经验。用表格记录幼儿已有经验，在与幼儿谈话结束后让幼儿用绘画的方式进行记录，教师再进行同步的文字记录。

2. 调查园内小树穿冬衣的情况：在幼儿园里有哪些树？它们都需要冬衣吗？它们耐寒吗？围绕这三个问题准备展开调查，见表 3-1。

3. 了解、投票园内小树耐寒的特性：教师向幼儿普及四种树耐寒程度的科学知识，并让幼儿用"星星贴画"给树木的耐寒特性进行打分，确定下一步的实践方向——选择适宜的"冬衣"材料，见表 3-2。

表 3-1　小树冬衣调查表

		什么样的？

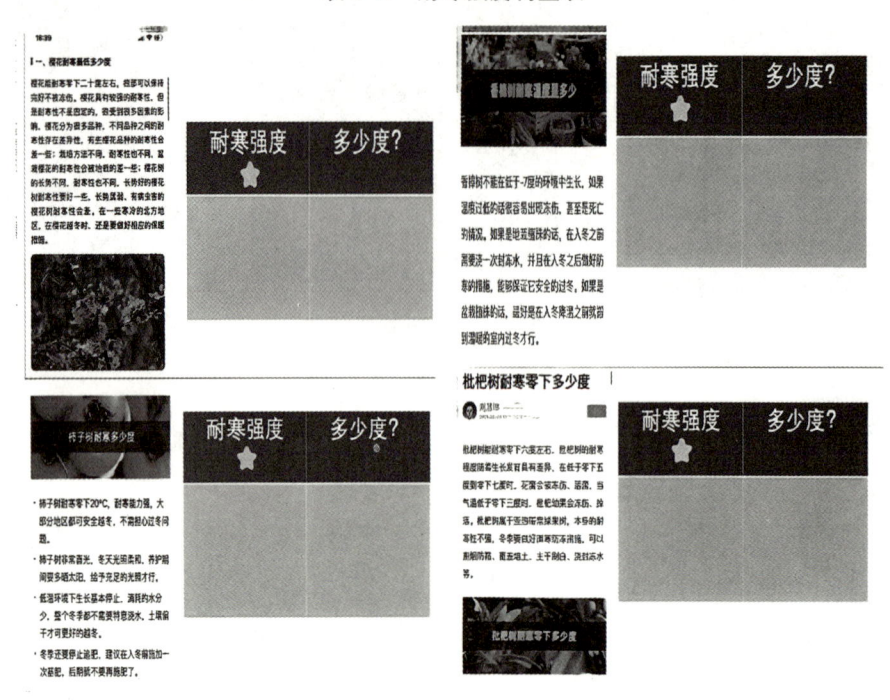

表 3-2　耐寒强度调查表

4. 家长与幼儿共同查阅小树冬衣的相关资料，感知各种冬衣的作用、不同小树的特性，并共同完成调查表的内容。

游戏活动 4：调查分享

1. 借助网络帮助，我们了解到"温度"和"树的耐寒程度"是小树穿什么冬衣的决定性因素。

2. 幼儿调查与分享园内的树木种类，以及是否有"冬衣"的保护。

3. 幼儿分享园内树木耐寒程度。

4. 幼儿通过图片说明、PPT 介绍、实地观察等加深对树的结构的认知，知道不同种类的树的特性，不同温度对树的影响也各不相同。

学习评价

教师对幼儿的调查完成情况进行评价，并引导幼儿对自己和他人的表现进行评价，见表 3-3。

表 3-3　"小树冬衣大调查"环节评价表

评价内容	评价星级				教师评价	幼儿自评	幼儿互评
了解园内小树的种类，知道小树穿冬衣的原因	☆	☆☆	☆☆☆	☆☆☆☆			
能根据小树冬衣的不同种类，寻找不同材质的材料	☆	☆☆	☆☆☆	☆☆☆☆			
能在班级中展示小组调查的信息，善于总结	☆	☆☆	☆☆☆	☆☆☆☆			
总评							

学习成果

幼儿了解了小树的种类和耐寒程度。园内树的种类不同，耐寒程度也不同，幼儿了解树的种类，由此来判断园内的树是耐寒种类还是不耐寒种类。根据小树的耐寒程度进行冬衣的选择，幼儿学习在区域内、生活中、自然中进行小树冬衣的调查，再选择合适的材料进行小树冬衣的制作。幼儿知道小树需要穿冬衣来防虫、防冻，以此来延长树的寿命，如图3-3所示。

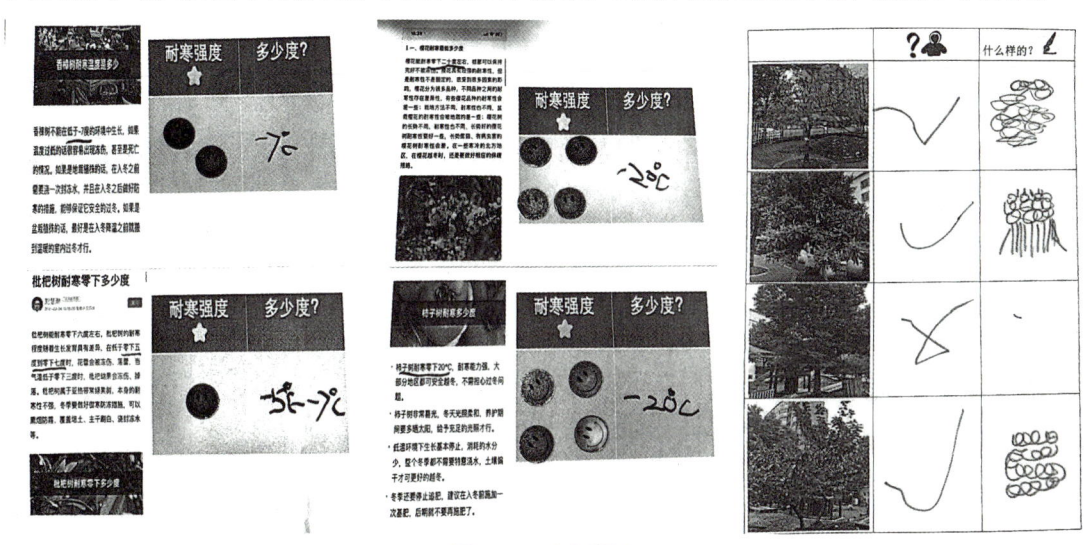

图 3-3 小树调查

第 2 课 设计小树冬衣

活动目标

1. 调查、探索园内树的特性，知道它们的耐寒度。
2. 分组设计制作小树冬衣。

课时安排

2课时，50分钟。

科学小探索

游戏活动1：分组探索游戏

教师出示不同生活场景图片，如公园、马路、江河、小区等，请幼儿根据已知信息选择不同情境为小树做冬衣，并请幼儿说一说为什么这样选择，准备选择什么材料做。

为了选择合适的材料，幼儿分组进行实验，测量不同材料的保暖性和透气性。

1. 探究保暖性小组。

用麻绳、白纸、皱纹纸、气泡膜分别包裹住四个瓶子，在刻度线处倒入相同容量的水，并用食品温度计进行测量、记录，运用计时器等待三分钟后再次进行测量记录，得到麻绳包裹的瓶子中的温度最高，麻绳即为保暖效果最好的材料。

发现问题：如何确保得到的效果最具科学性。

解决方法：在相同的瓶子中倒入相同容量、相同温度的水，并计时进行测量比较。

2. 探究透气性小组。

用白纸、气泡膜、麻绳、皱纹纸分别笼罩于干冰上方，观察比较，得出用气泡膜笼罩住的干冰的烟雾散出最少，气泡膜即为透气性最弱的材料。

发现问题：干冰冒出的烟无法测量。

解决方法：每次观察前在干冰上加入相同容量的水激发干冰，再迅速将材料笼罩在上面，更加直观地观察哪种材料遮盖时散出的烟雾更多。

设计方案

游戏活动 2：设计小树冬衣

1. 幼儿绘制小树冬衣的设计图，见表 3-4。

（1）幼儿分组，根据树的特性分别绘制小树冬衣的设计图。

（2）设计图完成后，幼儿分组介绍：想要制作什么种类的小树冬衣？准备选择哪种材料制作小树冬衣？

表 3-4　小树冬衣的设计图

姓名：_____	班级：_____	时间：_____
我设计的小树冬衣：			
所需材料：			

2. 发现难点：在制作小树冬衣时要考虑冬衣的透气性和保暖性。

（1）小树冬衣的透气性怎么确定？

（2）小树冬衣的保暖性怎么确定？

3. 提出解决方案：运用温度测试和干冰实验，确定该材料的保暖性和透气性。

4. 再次研讨，优化制作方案。

（1）教师巡回指导，帮助幼儿确定小树冬衣的形状。

（2）确定形状——呈圆柱形，确定范围——将小树树干部分包裹住。

游戏活动3：分享介绍

幼儿将活动过程做成PPT，分享实地观察后的感想，如知道了不同种类的树的特性；不同温度对树的影响也各不相同；不同树种需要穿的冬衣等，加深了幼儿对树的认知。

学习评价

教师对幼儿的探索材料、动手参与程度进行评价，并引导幼儿对自己和他人的表现进行评价，见表3-5。

表3-5 "设计小树冬衣"环节评价表

评价内容	评价星级				教师评价	幼儿自评	幼儿互评
调查、探索园内树的特性，知道它们的耐寒度	☆	☆☆	☆☆☆	☆☆☆☆			
分组设计制作小树冬衣	☆	☆☆	☆☆☆	☆☆☆☆			
能在班级中展示小组设计的冬衣作品	☆	☆☆	☆☆☆	☆☆☆☆			
听取意见，能积极对不恰当的设计进行升级改造	☆	☆☆	☆☆☆	☆☆☆☆			
总评							

学习成果

幼儿了解了树的不同特性，有的小树耐寒度较高，可以选择较为透气的材料作为冬衣；有的小树耐寒度较低，则需要选择较为保暖、透气性低的材料作为冬衣。幼儿探索了材料的特性，测量材料的保暖性和透气性，并使用食品温度计进行了测量、记录，使数据更加精准，确保得到的效果最具科学性，如图3-4所示。

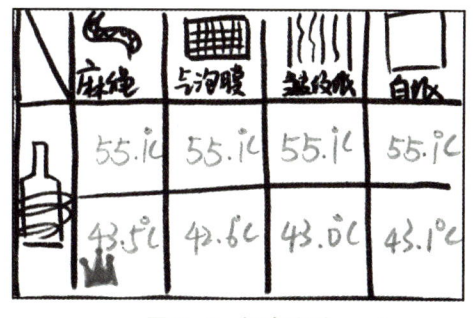

图3-4 探索实验

第3课　穿冬衣

活动目标

1. 能够选择合适的材料制作小树冬衣。
2. 根据小树的特性，按照分组为小树穿上冬衣。

课时安排

2课时，50分钟。

材料选择

游戏活动 1：寻找材料

符合项目活动需要的一切废旧、安全、环保材料。

剪刀、气泡膜、透明胶、麻绳、双面胶，如图 3-5 所示。

图 3-5　制作小树冬衣所需的材料

创意制作

游戏活动 2：分组制作

1. 小树根据耐寒程度分为两组。

耐寒小树组（柿子树、樱花树）：气泡膜。

不耐寒小树组（枇杷树、香樟树）：麻绳。

2. 分组制作。

耐寒小树组：用气泡膜缠绕法进行制作。

不耐寒小树组：用麻绳缠绕法进行制作。

解决问题

游戏活动 3：我的发现及解决策略

幼儿在制作小树冬衣的过程中发现了问题，找到了解决策略（教师引导并提供必要的支持策略），见表 3-6。

表 3-6　幼儿在制作小树冬衣的过程中发现的问题及解决策略

制作项目	发现的问题	解决策略
耐寒小树组	树木生长不规则，气泡膜不服帖	对比尺寸，进行剪裁，用双面胶粘贴（同伴合作）
不耐寒小树组	1. 麻绳太长不易缠绕 2. 麻绳缠绕时不易固定	1. 分散用剪刀剪短分为小段（同伴合作） 2. 合作按住麻绳，用双面胶粘贴进行缠绕，尝试用手环绕的方法固定

学习评价

教师对幼儿的小树冬衣制作完成情况进行评价，并引导幼儿对自己和他人的表现进行评价，见表 3-7。

表 3-7 "穿冬衣"环节评价表

评价内容	评价星级				教师评价	幼儿自评	幼儿互评
能够选择合适的材料制作小树冬衣	☆	☆☆	☆☆☆	☆☆☆☆			
根据小树的特性，按照分组为小树穿上冬衣，总结发现的问题	☆	☆☆	☆☆☆	☆☆☆☆			
主动执行分工任务，互相配合	☆	☆☆	☆☆☆	☆☆☆☆			
对探究充满兴趣，对今后的升级改造进行总结	☆	☆☆	☆☆☆	☆☆☆☆			
总评							

学习成果

幼儿通过对幼儿园内环境的了解选择了符合项目活动需要的一切废旧、安全、环保材料。幼儿根据小树的种类、耐寒程度将小树分为了耐寒小树组和不耐寒小树组，并动手制作小树冬衣，使用不同方法进行缠绕，确保小树冬衣足够牢固、耐用，如图 3-6 所示。

图 3-6 幼儿合作制作的小树冬衣

第 4 课　分享展示

活动目标

1. 能够将挂牌进行展示，组织讨论不同的小树冬衣的不同。
2. 能够将测试结果进行分享，知道小树冬衣的科学特性。

课时安排

2 课时，50 分钟。

评价与分享

游戏活动 1：展示小树冬衣

1. 展示小树冬衣：各小组成员分别根据自己的分组进行介绍。
2. 幼儿介绍：在制作过程中遇到了哪些困难，是如何解决的，有什么新的发现。
3. 小组小树冬衣作品展示，见表 3-8。

表 3-8　小树冬衣作品展示

小组	材料	作品	功能及特点
耐寒小树组	气泡膜等		功能：能够基础御寒、防水 特点：轻薄、易操作
不耐寒小树组	麻绳等		功能：御寒能力强、透气、美观 特点：包裹性强、牢固

迭代更新

游戏活动 2：玩一玩，测一测

1. 教师请小朋友们根据自己制作小树冬衣的经验以及对应的树的性质，制作挂牌并进行描述。
2. 幼儿在幼儿园门口的树上挂牌，为小树穿上冬衣，在尽显童趣的同时也可以了解科学小知识。

学习评价

教师对幼儿的分享展示情况进行评价，并引导幼儿对自己和他人的表现进行评价，见表 3-9。

第 3 章 建构我们的生活　　113

表 3-9 "分享展示"环节评价表

评价内容	评价星级				教师评价	幼儿自评	幼儿互评
能够将挂牌进行分享展示，组织讨论不同小树的冬衣不同	☆	☆☆	☆☆☆	☆☆☆☆			
能够将测试结果进行分享，知道小树冬衣的科学特性	☆	☆☆	☆☆☆	☆☆☆☆			
大胆进行展示交流，乐于分享	☆	☆☆	☆☆☆	☆☆☆☆			
对探索充满兴趣，懂得根据测试结果迭代更新	☆	☆☆	☆☆☆	☆☆☆☆			
总评								

学习成果

幼儿根据不同的小树冬衣了解了冬衣的不同科学特性——材质不同耐寒程度不同、材质不同透气程度不同。幼儿通过制作挂牌巩固了有关小树冬衣的科学知识（小树的耐寒程度、小树的冬衣种类），通过介绍分享挂牌进一步普及科学知识，如图 3-7 所示。

图 3-7 冬衣介绍卡

专家点评及教学建议

点评专家： 中国科学技术大学幼儿园教研专家　张丹虹

一、整体评价

本次项目活动来源于幼儿熟悉的日常生活中遇到的真实问题。在这场帮助小树穿冬衣的行动中，幼儿围绕冬季小树的变化、小树为什么穿冬衣、哪种材料适合做小树的冬衣、如何制作冬衣等问题，展开了一系列的自主探究。通过实地调查、自主搜集材料、对比测试、合作设计制作，幼儿初步感知了不同生活材料的透气性和保暖性的特点，探索了材料之间连接、固定的方式与方法，在制作的过程中提升了大胆猜想、严谨验证的解决问题的能力。同时，幼儿在亲历探究中丰富了自然植物御寒的认知经验。亲近自然、守护绿色的种子也在孩子们的心中悄悄发芽。

二、教学建议

1. 材料的拓展丰富。针对冬衣的制作材料，教师可以依托身边的环境资源和家长资源，鼓励幼儿自主搜集，丰富材料库。幼儿在进行不同材料和辅助连接材料之间的探究时，会有更多思维火花的碰撞。

2. 问题的深入探索。针对冬衣制作中遇到的问题，如麻绳缠绕不服帖、冬衣不易固定等，教师可为幼儿提供个性化的问题支架，进一步提升幼儿解决问题的能力。利用小组分享时间，教师可以将问题由个别辐射至集体，引发更多幼儿参与思考，在集思广益中交流经验、共享收获。

3. 观察的持续跟进。冬衣制作完成后，教师可与幼儿一起继续观察树木的变化，并鼓励幼儿用自己的方式进行记录。教师持续性地进行观察、比对、思考，在此过程中适时捕捉新的探究点，让 STEM 活动不局限于制作结束，而是持续渗透、不断生发。

3.2 课例8：晚安，小夜灯

课例提供： 中国人民解放军空军军医大学幼儿园　史蒙、张燕
课例指导： 中国人民解放军空军军医大学幼儿园　缪珺

项目导入

《3—6岁儿童学习与发展指南》中指出，幼儿的学习是在探究具体事物和解决实际问题的过程中发现事物间的异同和联系；成人要引导幼儿通过观察、比较、操作、实验等方法，学习发现问题、分析问题和解决问题，从而帮助幼儿不断积累经验，形成受益终身的学习态度和能力。

在"成长的我"主题活动进行中，我们在班级中开展了一次"最想挑战的事情"调查活动。大部分孩子表示想要挑战"独自一个人睡觉"，然而在具体实施阶段，孩子们遇到了困难："怕黑，不敢一个人睡。"

针对"怕黑，不敢一个人睡"这个问题，我们在班级中展开了讨论，一起寻找解决问题的办法。最终大家一致认为："可以点亮一盏小夜灯，缓解对黑暗的恐惧感"。那么"需要什么样的小夜灯呢？怎么制作小夜灯呢？"带着这些问题，我们的小夜灯探索之旅就这样开始了……

项目目标

★科学（S）

1. 了解小夜灯的基本构造和使用方法。能够通过观察和比较，发现小夜灯与生活中其他常见灯的不同之处。
2. 依据小夜灯的功能和作用，尝试对小夜灯进行简单的分类。

★技术（T）

1. 在认识小夜灯的基础上，能够根据自己的需求设计小夜灯，并且大胆讲述自己的设计思路，培养初步的设计思维。
2. 尝试通过拼、贴、剪、捏等方式搭出或者拼出小夜灯，熟练使用各种简单的工具。
3. 能够大胆设计小夜灯，为小夜灯做装饰美化。愿意与同伴一起交流分享小夜灯。

4. 感受和体验灯光所营造的氛围，学会发现和欣赏小夜灯呈现的美感。

★ 工程（E）

1. 能够根据设计图，有计划地挑选合适的材料完成小夜灯的制作。
2. 利用多种材料制作小夜灯，进一步感知小夜灯的工作原理以及制作的材质要求。
3. 在遇到问题时能够思考问题、大胆猜测结果，并对作品进行优化和调整。
4. 在材料使用中感受废物再利用的绿色循环模式，树立环保意识。

★ 数学（M）

能够使用如积木、盒子、杯子等材料制作小夜灯，在材料的组合中感知材料的大小、长短、重量、数量等概念。

教学流程

"晚安，小夜灯"教学流程如图 3-8 所示。

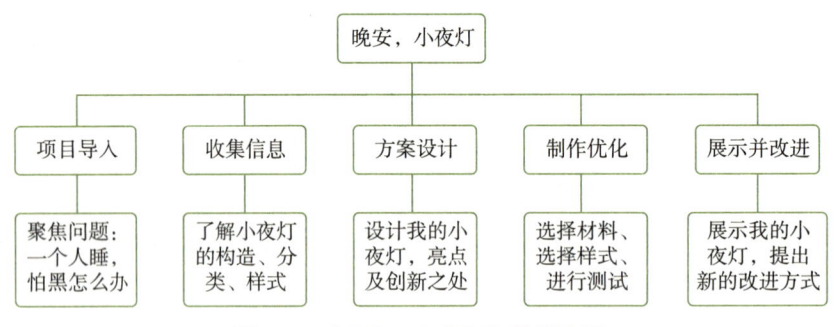

图 3-8 "晚安，小夜灯"教学流程

第 1 课　各种各样的小夜灯

活动目标

1. 认识小夜灯的基本构造及用途，发现小夜灯与生活中其他常见灯的区别。
2. 能够根据小夜灯的使用方法进行简单的分类，尝试介绍自己家的小夜灯的功能。
3. 激发幼儿对小夜灯的了解兴趣，进一步萌生出设计小夜灯的意愿。

课时安排

2 课时，50 分钟。

提出问题

游戏活动 1：认识小夜灯

教师出示 PPT 课件，帮助幼儿完整地认识小夜灯的构造。

1. 小夜灯的种类及样式。

教师提问：都有哪些小夜灯呢？它们的功能都是什么呢？小夜灯和其他灯的区别是什么？

2. 小夜灯的使用方法及安装位置。

教师提问：这些小夜灯都是怎么用的呢？

3. 小夜灯的组成：灯罩＋灯泡。

教师提问：小夜灯的组成部分有什么？夜灯的种类如图 3-9 所示。

a）单纯照明小夜灯 　　　　　b）时钟小夜灯

c）香薰小夜灯 　　　　　d）加湿器小夜灯

图 3-9　夜灯的种类

收集信息

游戏活动 2：小夜灯调查表

1. 讨论问题："怕黑怎么办？"

结论：可以点一盏小夜灯。

2. 调查：你知道哪些小夜灯？让我们一起和爸爸、妈妈完成小夜灯调查表。

建议：可以采用网络搜索、手机查询、实物观察等方式与家长一同完成调查表，可以使用照片、文字描述、绘画等方式展示。小夜灯调查表见表 3-10。

表 3-10　小夜灯调查表

你家里有小夜灯吗？　是　否

你见过哪些小夜灯？（可以附照片）	它的功能有哪些？	你想要什么样的小夜灯？

游戏活动 3：分享调查表

幼儿自由选择小组进行分享。教师巡视，可适当引导幼儿将自己前期对小夜灯的调查结果进行完整的讲述。

教师引导提问：

（1）你的调查表是和谁一起完成的？你是怎么记录的呢？

（2）你见过哪些小夜灯？

（3）你使用过小夜灯吗？你觉得怎么样呢？

（4）你需要什么样的小夜灯，才可以让你不怕黑暗，快快入睡呢？（教师将结果进行记录）

学习评价

教师对幼儿的调查质量，小组分享交流的行为进行表现性评价，并引导幼儿对自己和他人的表现进行评价，见表 3-11。

表 3-11　"各种各样的小夜灯"环节评价表

评价内容	评价星级				教师评价	幼儿自评	幼儿互评
认识小夜灯的基本构造及用途	☆	☆☆	☆☆☆	☆☆☆☆			
能够根据小夜灯的使用方法进行简单的分类，尝试介绍自己家的小夜灯的功能	☆	☆☆	☆☆☆	☆☆☆☆			
能与成员相互合作，共同完成任务	☆	☆☆	☆☆☆	☆☆☆☆			
对小夜灯有兴趣，萌生出设计小夜灯的意愿	☆	☆☆	☆☆☆	☆☆☆☆			
总评							

第 3 章　建构我们的生活

学习成果

幼儿通过对小夜灯的调查，建立了对小夜灯的初步认知。集体教学活动使幼儿在获取小夜灯的构造及组成部分等认知经验的同时，加强和锻炼了幼儿的任务意识及记录能力，为后续的设计活动做好了铺垫。小夜灯调查内容如图 3-10 所示。

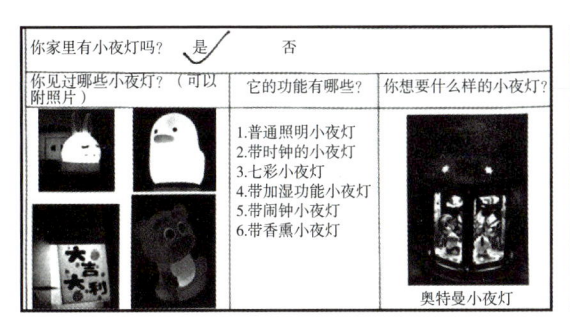

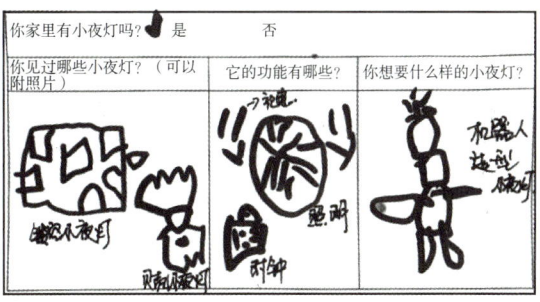

图 3-10　小夜灯调查内容

第 2 课　设计小夜灯

活动目标

1. 知道小夜灯的不同种类及使用场景。尝试根据自己的需求设计小夜灯。
2. 大胆讲述自己的设计思路，在小组交流中尝试使用整理、概括、评选等方式推选出最佳方案，体验合作探究和发现的乐趣。

课时安排

1 课时，25 分钟。

科学小探索

游戏活动 1：尝试探索游戏

1. 教师引导幼儿根据家庭生活经验，选择自己喜欢的小夜灯款式，并请幼儿回答：为什么要选择这种小夜灯，如果请你来制作，你准备怎么做？

2. 教师引导幼儿在 STEM 教室，结合小夜灯的功能，利用多种材料尝试设计小夜灯。

3. 教师鼓励幼儿自主分组，根据自己的兴趣，确定小组成员，讨论要搭建的小夜灯的种类，如图 3-11 所示。

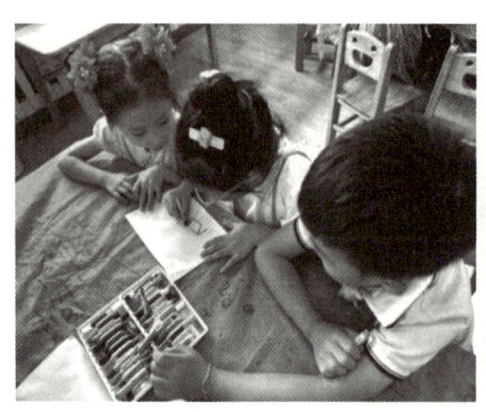

图 3-11　幼儿讨论设计小夜灯

设计方案

游戏活动 2：设计我的小夜灯

幼儿根据已有经验及自身需求设计小夜灯。教师巡回指导，可以适当引导幼儿思考以下问题，帮助幼儿建立设计思路。小夜灯的设计过程如图 3-12 所示。

思考问题：

（1）你想要什么样的小夜灯？

（2）你的小夜灯准备用在什么环境中呢？

（3）你设计的小夜灯有哪些功能呢？

图 3-12　小夜灯的设计过程

游戏活动 3：分享与交流

方式一：教师将绘制的设计图有相似功能或者相同作用的幼儿分为一组，让幼儿依次分享自己的设计思路。小组进行评价，投票推选出最优设计方案。

方式二：幼儿自主分组，分享与交流设计图的内容，整合小组的优质创新，重新绘制设计图。

教师可根据班级幼儿自身的情况选取方式一或者方式二推选最优方案。

第 3 章 建构我们的生活　　121

本课例中采用方式二：整合小组的优质创新，重新绘制设计图。

在分享时，教师注意引导幼儿清晰、完整地讲述自己的设计思路，如我设计的是……的小夜灯，它的功能是……它可以……小夜灯设计图如图 3-13 所示。

a）小人形灯　　　　　　　　b）贝壳灯　　　　　　　　c）小兔子灯

图 3-13　小夜灯设计图

学习评价

教师对幼儿作品的完成情况及小组分享与交流等表现情况进行评价，并引导幼儿对自己和他人的表现进行评价，见表 3-12。

表 3-12　"设计小夜灯"环节评价表

评价内容	评价星级				教师评价	幼儿自评	幼儿互评
知道小夜灯的不同种类及使用场景	☆	☆☆	☆☆☆	☆☆☆☆			
能够完整、清晰地讲述自己的设计思路；能够大胆展示自己的设计图	☆	☆☆	☆☆☆	☆☆☆☆			
能够倾听同伴的分享，与同伴一起交流推选出小组最优设计方案	☆	☆☆	☆☆☆	☆☆☆☆			
有自己独特的创意	☆	☆☆	☆☆☆	☆☆☆☆			
总评							

学习成果

幼儿从自身需求出发通过对小夜灯的已有认知经验的迁移，创造出了各种各样造型奇特的属于自己的小夜灯。幼儿与同伴一起合力设计出的终稿，如图3-14所示。

a）帆船灯　　　　b）彩泥灯　　　　c）磁力片灯　　　　d）孔雀灯

图3-14　小夜灯终稿

第3课　制作小夜灯

活动目标

1. 能够根据小组的设计图，有计划、有目的地挑选材料。
2. 知道小夜灯的制作步骤，能够结合小夜灯的基本构造，利用收集到的材料用多种方法制作小夜灯。
3. 喜欢动手操作，体验与同伴合作探究的乐趣。

课时安排

3课时，75分钟。

材料选择

游戏活动1：收集制作小夜灯的材料

1. 在家里或幼儿园的科探室，幼儿将一切可以用来做小夜灯的材料都进行了小实验，探索各种材质的性能、特点，为做小夜灯收集材料。

（1）家庭收集。幼儿请爸爸、妈妈帮忙，在家中收集使用过的塑料瓶、纽扣、布料、一次性纸杯、吸管等。

（2）幼儿园收集。幼儿与老师一起在幼儿园内收集各班的废旧材料，如使用过的酸奶盒子、蛋糕盘、花边纸、胶棒等。

2. 幼儿根据任务清单及设计图，小组讨论最终结果；依据材料清单领取材料，制作小夜灯。制作小夜灯的材料清单见表3-13。

第 3 章 建构我们的生活 123

表 3-13 制作小夜灯的材料清单

制作小组（数字）：				
我需要的材料（画"√"）				
胶带	剪刀	彩泥	毛根	瓶盖
水彩笔	塑料杯	蛋糕纸	双面胶	皱纹纸
补充材料：（可画图呈现）				

创意制作

游戏活动 2：制作小夜灯

1. 幼儿根据设计图制作小夜灯，讨论小组人员分工。
2. 幼儿讨论使用什么工具进行固定、粘贴等。
3. 小夜灯制作好后，幼儿对其进行美化装饰。制作过程如图 3-15 所示。
4. 教师巡回指导，帮助幼儿解决制作中发现的问题。

图 3-15 小夜灯制作过程

解决问题

游戏活动 3：测试与解决问题

幼儿在制作及测试小夜灯的过程中发现了问题，找到了解决策略（教师引导并提供必要的支持），见表 3-14。

表 3-14　幼儿在制作及测试小夜灯的过程中发现的问题及解决策略

项目	适用人群	发现的问题	解决策略
帆船灯	喜欢帆船或是住在海边的人	帆船桅杆部分（吸管）太细：灯泡无法塞入，影响整体美观	更换灯泡，使用小型的灯串塞入吸管内
彩泥灯	喜欢在家里做手工的小朋友	厚厚的彩泥透光性很差，太薄不够美观，黏不到瓶子上	在彩泥上挖洞洞，做成镂空状
磁力片灯	科技产品爱好者	一提就会很容易分散；稳定性不好	利用热熔胶黏合组合部分
孔雀灯	喜爱动物的小朋友	没有顶部，内部装饰孔雀容易被损坏和落灰	用大一点的透明塑料杯倒扣在盘子上当作罩子

学习评价

教师根据每一组材料的应用及制作情况进行评价，并引导幼儿对自己和他人的表现进行评价，见表 3-15。

表 3-15　"制作小夜灯"环节评价表

评价内容	评价星级				教师评价	幼儿自评	幼儿互评
知道小夜灯的制作步骤，能够结合小夜灯的基本构造，利用收集到的材料用多种方法制作小夜灯	☆	☆☆	☆☆☆	☆☆☆☆			
能够使用装饰物对小夜灯进行有目的性的装饰	☆	☆☆	☆☆☆	☆☆☆☆			
能够与同伴分工合作，在遇到问题时能够相互沟通解决问题	☆	☆☆	☆☆☆	☆☆☆☆			
喜欢动手操作，体验与同伴合作探究的乐趣	☆	☆☆	☆☆☆	☆☆☆☆			
总评							

第 3 章　建构我们的生活

> 学习成果

幼儿通过填写"材料清单"、自主组队的形式选择合作伙伴，利用与自身想法创意相似的同伴对设计进行了进一步的完善。在材料的选择上，幼儿能够结合自己的设计有针对性、有目的地选择材料，合理分配和利用材料，感知项目活动中所体现的科学探究的严谨性与计划性，同时也养成了不浪费材料的良好品质，并依据设计图做出了自己心目中的小夜灯，如图 3-16 所示。

图 3-16　幼儿填写材料清单及制作的小夜灯

第 4 课　小夜灯展风采

> 活动目标

1. 对小夜灯进行测试，并尝试记录测试结果。
2. 能够对比发现小夜灯存在的问题，通过与同伴交流、调整结构等方式解决问题。
3. 培养幼儿主动探究及解决问题的能力。

> 课时安排

1 课时，25 分钟。

> 评价与分享

游戏活动 1：风采展示

成果分享：各组展示自己的作品，并推选 1~2 名幼儿介绍作品。

教师提问：你们组制作的是什么灯？它的亮点是什么？小夜灯作品展示见表 3-16。

表 3-16　小夜灯作品展示

小组	材料	小夜灯作品	功能及特点
帆船灯组	蛋糕盘、透明吸管、彩泥、彩纸		造型独特，适合做桌面装饰，还可以在底座上加上自己喜欢的香薰、蜡烛等
彩泥灯组	塑料瓶、彩泥、纸盘		适合入睡的时候使用，点点星光照射在墙上，氛围感十足
磁力片灯组	磁力片		百变造型，适合陪伴入睡；入睡前可以改变磁力片的形状进行自主组件，娱乐陪伴两不误
孔雀灯组	透明塑料杯、彩泥、亮片、纸盘		故事性强，造型别致；杯内景观可以随故事进行增减；封闭性好，不易脏

迭代更新

游戏活动 2：测一测，用一用

将小夜灯带回家使用，幼儿记录使用心得与同伴分享、交流，发现问题，及时迭代更新自己的作品，如图 3-17 所示。

a）夜灯陪伴　　　　　　　　　　b）伴我入眠

图 3-17　小夜灯使用分享图

在使用过程中，幼儿体会到了很多，与家长一起写下心得体会，如图 3-18 所示。

图 3-18　幼儿的使用心得体会

学习评价

教师根据幼儿对产品的介绍以及整改方案的优化等表现进行评价，并引导幼儿对自己和他人的表现进行评价，见表 3-17。

表 3-17　"小夜灯展风采"环节评价表

评价内容	评价星级				教师评价	幼儿自评	幼儿互评
对小夜灯进行测试，并尝试记录测试结果	☆	☆☆	☆☆☆	☆☆☆☆			
能够用清晰、完整的语言介绍作品，突出作品的亮点	☆	☆☆	☆☆☆	☆☆☆☆			
能够对比发现小夜灯存在的问题，通过与同伴交流、调整结构等方式解决问题	☆	☆☆	☆☆☆	☆☆☆☆			
能够根据问题与同伴一起寻找解决问题的办法	☆	☆☆	☆☆☆	☆☆☆☆			
总评							

学习成果

孩子们在不断地合作、实验、优化、测试中，锻炼了工程思维、创新思维，以及发现问题解决问题的能力，培养了优秀的学习品质，最后制作出了自己心仪的小夜灯，如图 3-19 所示。

a）帆船灯 　　　　b）彩泥灯 　　　　c）磁力片灯 　　　　d）孔雀灯

图 3-19　小夜灯作品展示

专家点评及教学建议

点评专家：中国人民解放军空军军医大学幼儿园园长　缪珺

一、整体评价

"怕黑"是每个幼儿在成长过程中都会遇到的问题，本次项目活动"小夜灯"从幼儿的自身需求出发，最终解决了"怕黑"这个难题。

在活动中，幼儿先是了解及认识小夜灯的构造与分类，接着设计小夜灯，用设计思维创造属于自己的作品，每一个设计都是独一无二的，然后通过小组意见的整合，设计出 4 种适应不同人群的带有一定功能的产品型小夜灯。在制作过程中，幼儿通过对小夜灯不断地测试—调试—改进—再测试等过程，最终完整地呈现出可以直接使用的产品。幼儿在制作中获取直接经验，丰富自我感知。

二、教学建议

1. 在制作中可以多增加一些综合材料，幼儿在对不同材料的探索使用中，所收获的搭建经验，以及对不同材料的综合运用能力都会得到提升，也会制作出有更多功能的小夜灯。例如：灯泡与灯串的不同应用；光线的影响、线路串联等。

2. 不同小组在制作中遇到了不同的问题，教师可以以此为教育契机进行深入探索。例如，引导幼儿以"用户需求"为出发点，设计更符合目标需求的小夜灯。

3. 安全建议，在小夜灯使用中，教师要提醒幼儿注意用电的安全及材料安全。

3.3 课例9：野战区的"担架"

课例提供： 珠海高新区港湾幼儿园　代雪
　　　　　　珲春市第二幼儿园　金建伶
　　　　　　合肥市宿州路幼儿园　张慧越
　　　　　　合肥市宿州路幼儿园森林城分园　路影影
　　　　　　合肥瑶海城市宝业幼儿园　杜惠颖
　　　　　　珠海高新区港湾幼儿园　穆珊
课例指导： 合肥市瑶海区教育体育局　光善慧

项目导入

《3—6岁儿童学习与发展指南》中指出，要珍视游戏和生活的独特价值，创设丰富的教育环境，合理安排一日生活，最大限度地支持和满足幼儿通过直接感知、实际操作和亲身体验获取经验的需要。成人要善于发现和保护幼儿的好奇心，充分利用自然和实际生活机会，引导幼儿通过观察、比较、操作、实验等方法，学习发现问题、分析问题和解决问题；帮助幼儿不断积累经验，并运用于新的学习活动，形成受益终身的学习态度和能力。珠海濒临南海，是我国重要的口岸城市，有驻军部队，孩子们耳濡目染，对部队角色及战争游戏有强烈的探究欲望。

本学期根据孩子们的兴趣，我园开设野战游戏区，自开设之日起，游戏异常火爆！一天，在游戏中，橙子穿一身军装，英姿飒爽。突然，他躺在地上，一动不动，我跑过去问他怎么了，他紧闭双眼说："我在装死，我受伤了。"孩子们想把伤员运到救护区医治，但苦于没有工具，对于用什么？怎么运？产生了疑问。有的说："我们可以把他背过去。""可是他会痛的！""我看120救护车上有一个架子抬着。""我看过布的担架、竹子的担架、铁的担架，还有……"孩子们对可以运送伤员的担架产生了极大的兴趣，于是野战区开展了关于担架的探索之旅……

项目目标

★科学（S）

通过调查、收集信息了解担架的结构、种类、功能；通过观察、比较了解承重与担架的联系,并能用图画、符号进行简单的记录,从而提高幼儿的科学探究能力。

★技术(T)

能够使用尺子、剪刀、固定切割器等简单的探究工具,通过测量、切割、缠绕等方式来制作担架。体验与他人合作、交流的乐趣,体验解决问题的成就感。

★工程(E)

能绘制担架设计图,运用多种材料按照设计图进行搭建制作,经过调整修正解决制作担架过程中出现的问题,探索担架材料的整合与运用,初步培养幼儿的设计思维。

★数学(M)

感知担架的形状、结构,通过测量、比较了解担架两侧长短与担架面之间的关系,通过实际操作感知物体轻重等量的方面的特点,运用数学思维解决问题。

教学流程

"野战区的'担架'"教学流程如图 3-20 所示。

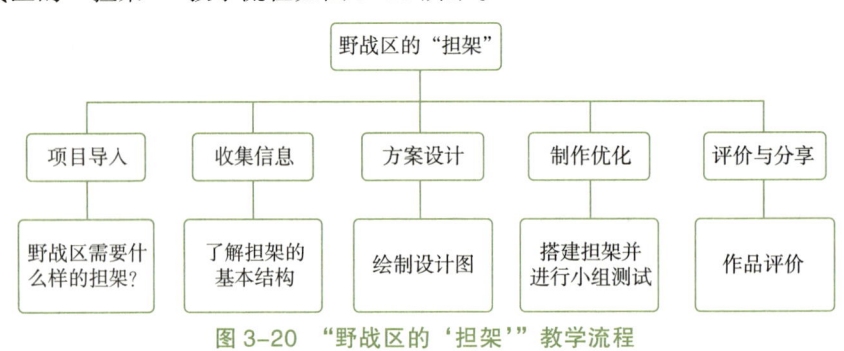

图 3-20 "野战区的'担架'"教学流程

第 1 课 我了解的担架

活动目标

1. 通过调查、收集信息了解担架的外观、结构。
2. 在调查担架的过程中,激发幼儿的好奇心和探索欲望。
3. 提出与"担架"相关的、幼儿感兴趣的问题。

课时安排

3 课时,75 分钟。

提出问题

游戏活动 1:生活中的担架

孩子们对担架产生了很多疑问:

第 3 章 建构我们的生活

1. 担架的材质有很多，我们用哪一种比较合适呢？
2. 我也能制作担架吗？
3. 运送"伤员"，我们的担架有什么不同呢？
4. 丰富经验——关于"担架"，我的发现，如图 3-21 所示。

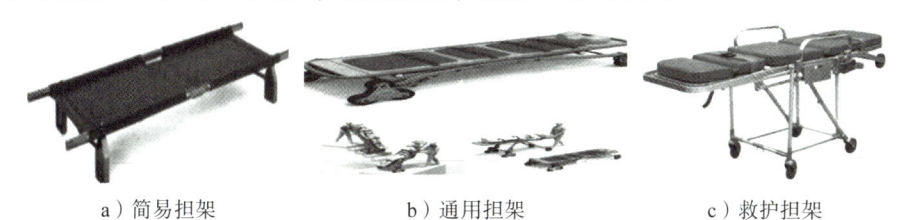

a）简易担架　　　　　b）通用担架　　　　　c）救护担架

图 3-21　担架的种类

收集信息

游戏活动 2：亲子调查

1. 师幼讨论：确定调查内容。

教师鼓励亲子共同完成调查，运用多种方式了解生活中常见的担架。教师适当引导：通过网络搜索、手机查询、访问相关人员、实地考察部队等方式完成关于"担架"的调查表激发幼儿的好奇心与求知欲，见表 3-18。

2. 幼儿明确调查的重点和方向，掌握担架的关键信息。
3. 幼儿学会留存调查资料，照片、音视频均可。

表 3-18　关于"担架"的调查表

姓名：_____　班级：_____　时间：_____

调查时间及方式	调查场景	担架			记录人员
^	^	类别	结构	功能	^

游戏活动 3：调查分享

幼儿分享关于"担架"的调查内容，并进行集体讨论，如图 3-22 所示。

图 3-22　分享关于"担架"的调查内容

学习评价

教师对幼儿的交流、讨论情况,以及调查完成情况等进行评价,并引导幼儿对自己和他人的表现进行评价,见表 3-19。

表 3-19 "我了解的担架"环节评价表

评价内容	评价星级				教师评价	幼儿自评	幼儿互评
了解生活中常见担架的种类以及不同担架的作用	☆	☆☆	☆☆☆	☆☆☆☆			
主动调查担架的相关资料,并能在班级中进行分享	☆	☆☆	☆☆☆	☆☆☆☆			
对担架的探究充满兴趣,积极参与活动	☆	☆☆	☆☆☆	☆☆☆☆			
总评							

学习成果

幼儿通过分享关于"担架"的调查内容,在交流、讨论中,了解了生活中常见担架的种类以及不同担架的作用,如图 3-23 所示。

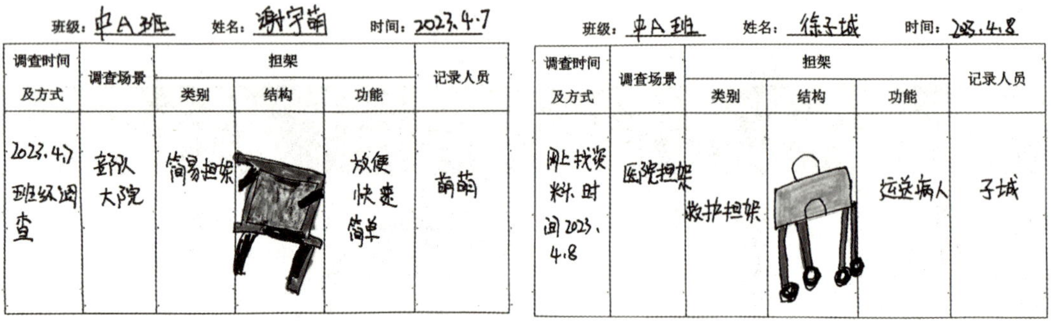

图 3-23 幼儿了解的"担架"

第 2 课 我设计的"野战区担架"

活动目标

根据"野战区"游戏的需要初步尝试设计简易"担架",运用自己的方式进行记录,并最终确定设计方案。

课时安排

3课时，75分钟。

科学小探索

游戏活动1：分组探索游戏

1. 教师出示不同的担架。幼儿了解担架的种类和作用，按其结构、功能、材料特征可将其分为简易担架、通用担架、救护担架三类。

2. 通过讨论，幼儿了解担架的结构和功能，知道担架的基本组成结构，由担架杆、担架面组成，一般采用两根结实的竹竿配合毛毯、衣物等结实的织物制成临时担架，如图3-24所示。

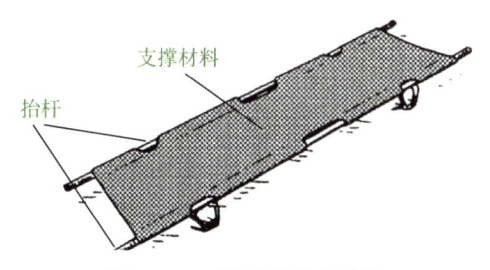

图 3-24　担架的基本结构

3. 教师引导幼儿在STEM教室，通过对各种材料进行实验，感知材料的软硬度及特点，尝试搭建担架，选择搭建的材料。

4. 教师鼓励幼儿自主分组，确定自己感兴趣的担架种类。

设计方案

游戏活动2：初步设计"野战区担架"

绘制担架设计图：

1. 幼儿分组进行思考，发现难点：担架的结构和功能不同，如何制作运送伤员的担架？

2. 幼儿分组讨论：

（1）不同材料的担架都有哪些共同点？

（2）生活中哪些材料可以用来做运送伤员的担架？

3. 教师巡回指导：如何用材料连接担架，如打结、捆绑等，教师适时给予支持。

4. 各小组绘制担架设计图，见表3-20。

表 3-20 "担架"设计图

小组设计稿
小组成员
所需材料
我的设计

游戏活动 3：投票确定"野战区担架"设计图

小朋友观察设计图，投票选出想制作的担架，根据担架任务分组，寻找制作材料，教师巡回指导，如图 3-25 所示。

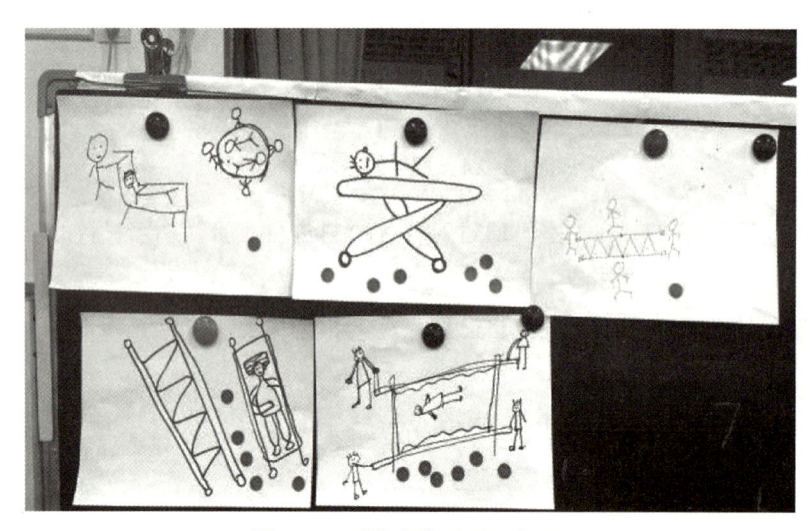

图 3-25 "担架"设计图投票

游戏活动 4：分享设计图

设计图完成后，小组成员介绍其内容。

1. 介绍本组设计的担架种类、功能及其使用场合。
2. 介绍制作担架的材料、材料的特点及选择它的原因。

学习评价

教师对幼儿的交流、讨论情况，以及调查完成情况等进行评价，并引导幼儿对自己和他人的表现进行评价，见表 3-21。

第 3 章　建构我们的生活

表 3-21　"我设计的'野战区担架'"环节评价表

评价内容	评价星级				教师评价	幼儿自评	幼儿互评
了解生活中常见担架的种类及不同担架的作用	☆	☆☆	☆☆☆	☆☆☆☆			
知道根据"野战区"的需求进行简易担架的设计	☆	☆☆	☆☆☆	☆☆☆☆			
能积极参与小组活动，大胆、清楚地表达关于材料收集的想法	☆	☆☆	☆☆☆	☆☆☆☆			
愿意根据小组任务的需求进行人员分工与合作	☆	☆☆	☆☆☆	☆☆☆☆			
总评							

学习成果

幼儿通过了解野战区担架的种类、需求，在小组内进行大胆设计并能与组员进行积极的讨论，确定简易担架的初步设计图，如图 3-26 所示。

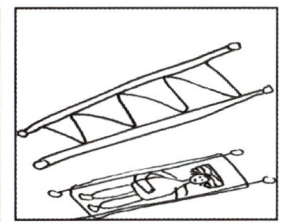

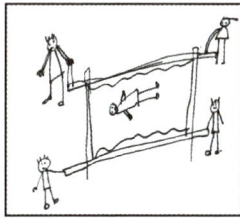

图 3-26　简易担架设计图

第 3 课　制作"野战区担架"

活动目标

1. 能综合运用不同的材料制作"担架"。
2. 学会运用尺子、剪刀等工具，进行测量、裁剪，制作合适的担架。
3. 学会在与同伴的合作中发现问题，并尝试自主解决遇到的问题。

课时安排

3 课时，75 分钟。

材料选择

游戏活动 1：制作"担架"的材料与工具

已经确定了"担架"设计图，那么制作"担架"需要什么材料？"担架"的把手需要用什么材料?"担架"面需要用什么材料?

（1）"担架"面的材料：帆布、绳子、迷彩布、大白纸等。

（2）"担架"把手的材料：PVC管、竹竿等。

经过一番讨论、对比，孩子们进一步总结了经验：选用结实的、不会变形的材料（遵循伤员不会摆动或掉下来的原则）。孩子们开始了收集制作"担架"的材料，如图3-27所示。

图 3-27　收集制作"担架"的材料

创意制作

游戏活动 2："担架"制作初探

小组分工合作，完成不同材质的"担架"制作。

1. 幼儿回顾设计的"担架"，巩固"担架"的基本结构，确定"担架"的制作步骤。
2. 讨论问题：制作"担架"需要做哪些事情？根据幼儿的特点，分组分工合作。
3. 幼儿尝试初次制作。

解决问题

游戏活动 3：我的发现及解决策略

1. 幼儿通过绘制担架测试单（见表3-22），发现存在的问题，并分组介绍找到的解决策略，教师巡回指导，并适时介入。

表 3-22　担架测试单

制作过程	是否制作成功 （成功√，失败×）	遇到的问题	改进策略
	×	用夹子夹布，布会掉，PVC管会弯，小朋友会掉下去	更改材料，增加夹子、PVC管的数量，承重力增加

2.幼儿通过发现问题以及解决问题来提升解决问题的能力，见表3-23。

表3-23 幼儿在制作"担架"的过程中发现的问题及解决策略

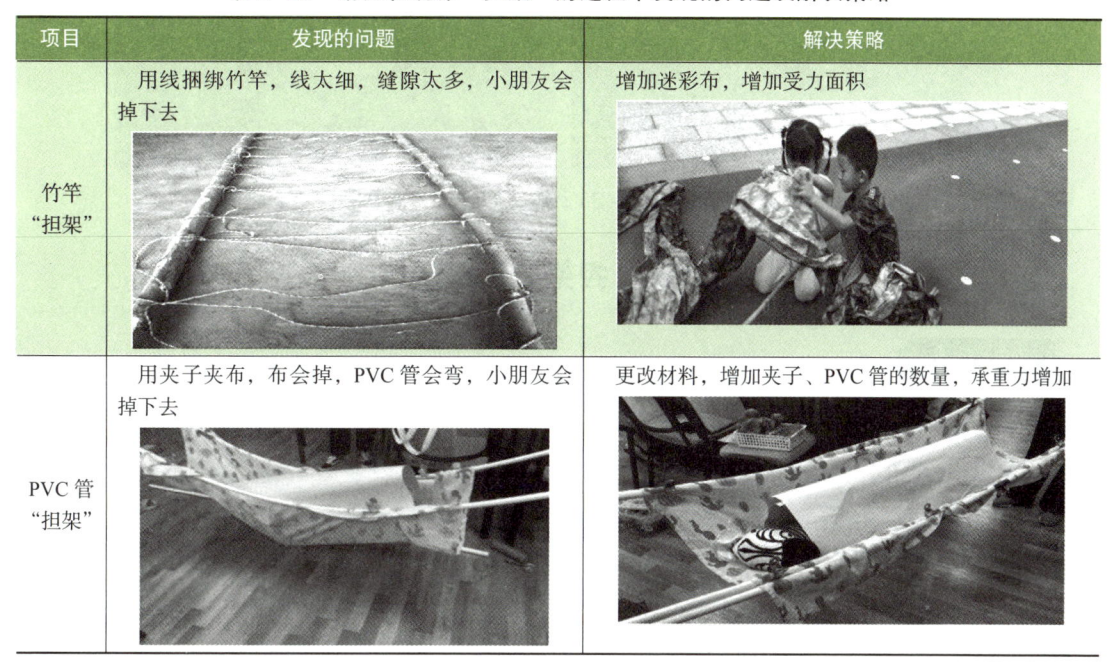

项目	发现的问题	解决策略
竹竿"担架"	用线捆绑竹竿，线太细，缝隙太多，小朋友会掉下去	增加迷彩布，增加受力面积
PVC管"担架"	用夹子夹布，布会掉，PVC管会弯，小朋友会掉下去	更改材料，增加夹子、PVC管的数量，承重力增加

学习评价

幼儿在制作过程中相互合作，综合运用材料和工具，按照自己的设计图进行有目的的制作，共同实现小组目标。教师对幼儿的交流、讨论情况，以及搭建完成情况等进行评价，并引导幼儿对自己和他人的表现进行评价，见表3-24。

表3-24 "制作'野战区担架'"环节评价表

评价内容	评价星级				教师评价	幼儿自评	幼儿互评
综合运用不同的材料进行"担架"的制作	☆	☆☆	☆☆☆	☆☆☆☆			
学会运用尺子、剪刀等工具，进行测量、裁剪，制作合适的担架	☆	☆☆	☆☆☆	☆☆☆☆			
学会在与同伴的合作中发现问题，并尝试自主解决遇到的问题	☆	☆☆	☆☆☆	☆☆☆☆			
总评							

学习成果

幼儿经过调整、修正，发现了制作担架过程中的问题，探索担架材料整合与运用，终于制作出各组的作品，初步培养了设计思维，如图3-28所示。

图 3-28　担架作品

第 4 课　担架展示与测试

活动目标

1. 展示制作的担架，大胆向同伴介绍作品。
2. 交流、评价，完成自评和互评。

课时安排

2 课时，50 分钟。

评价与分享

游戏活动 1：展示风采

1. 幼儿展示作品，并进行验证。
2. 幼儿根据自己负责的部分进行介绍（设计、制作、技术、问题等），并进行简单的游戏测试、操作演示。
3. 教师对幼儿进行有效提问：在制作过程中遇到了哪些问题？如何解决的？有哪些新的发现？

幼儿展示担架作品，见表 3-25。

表 3-25　担架作品展示

小组	材料	担架作品	功能及特点
竹竿组	竹竿、绳子、布		担架结构固定，不容易变形
PVC 管组	PVC 管、布		布的韧性好，不容易撕裂，PVC 管不易断

迭代更新

游戏活动 2：玩一玩，测一测

1. 幼儿开始测试自己设计的担架的功能，看看担架的结构是否稳定。幼儿完成小组互评，并自主评价，促进作品的不断完善、更新迭代。

2. 在测试中发现的问题，小组开始讨论，如何解决问题，迭代更新，造出 2.0 版更完善的担架。

学习评价

教师要关注每个幼儿的学习过程，进行拍照记录，适时给予评价和鼓励，并及时补充材料。教师撰写学习故事及观察记录，评价幼儿，以及引导幼儿对自己和他人的表现进行评价，见表 3-26。

表 3-26 "担架展示与测试"环节评价表

评价内容	评价星级				教师评价	幼儿自评	幼儿互评
大胆向同伴介绍作品	☆	☆☆	☆☆☆	☆☆☆☆			
积极参与幼儿互评活动，并愿意欣赏他人的作品	☆	☆☆	☆☆☆	☆☆☆☆			
总评							

学习成果

幼儿通过展示、评价，大胆地表达自己在制作担架过程中遇到的问题以及解决策略。这不仅锻炼了幼儿的表达交流能力，更能促进同伴间的相互学习，提升发现问题、解决问题的能力。通过体验性评价，幼儿根据"客户"体验需求获取相关的改进意见，继续改善"野战区担架"。这样不断发现问题、解决问题，为优化和升级"野战区担架"打下了很好的基础。担架测试、迭代如图 3-29 所示。

图 3-29 担架测试、迭代

专家点评及教学建议

点评专家： 合肥市瑶海区教育体育局　光善慧

一、整体评价

本次项目活动是来自孩子们真实游戏情境中遇到的问题，以解决游戏现场问题为主线，追寻幼儿游戏中的兴趣，选择的项目主题很适合中班的孩子。本次活动以驱动性问题为导向，师幼在不断解决问题的过程中获得相关经验。在活动中，教师根据真实情境中需要运送"伤员"这一任务发散幼儿的思维，幼儿了解到担架的结构不同，有着不同的功能。幼儿带着运送"伤员"需要什么样的担架的思考，开始调查、了解各种各样的担架。在这个过程中，幼儿不仅了解到担架的基本结构，并能根据需要去大胆设计并完成"野战区担架"的制作。在制作过程中，孩子们学习使用各种方法和技能，尝试将担架杆与担架面进行连接，不断通过实验检查来发现问题，并进行迭代制作。通过这一活动，幼儿在小组合作中不仅提高了数学、工程思维能力，还提升了科学探究能力。同时在修正过程中，幼儿也提高了解决问题的能力。

二、教学建议

1. 在制作材料的选择上，教师需要和孩子们进行深入探讨。幼儿在对不同材料的探索使用过程中，尽可能多地去感知材料的材质与"担架"承重之间的联系，从而提高材料的综合运用能力。要解决的核心问题是，什么样的担架是适合运送"伤员"的。一定是材质有一定的厚度，不容易让伤员掉落造成第二次伤害的材料，才比较合适。

2. 在项目目标的设定中，应该更加聚焦幼儿学习能力的提高与发展。例如，孩子的数学思维、工程素养、技术创新能力、艺术素养、科学探索能力等方面的提升与发展。项目活动应该从提出情境问题开始，在项目导入中，情境问题的提出可以放在项目过程中来。

3. 在每一个阶段的探索之后，一定要有一个具体的学习成果展示。不同阶段的幼儿遇到的问题是不同的，教师可以以此为教育契机进行深入探索，而这种在搭建过程中的具体问题每个小组该如何解决，教师如何支持与回应，怎么帮助幼儿通过不断地调整、改造，最终完成搭建，需要教师深入观察与解读。只有这样，教师才能更好地了解幼儿的经验以及项目开展的方向与意义。

3.4　课例10：车车向前冲

课例提供： 合肥市保利熙悦府幼儿园　孙思茹、杨艳、岳铭
课例指导： 合肥市瑶海区教育体育局　光善慧

项目导入

良好的探究能力是幼儿在学前阶段至关重要的一种能力，它可以让幼儿拥有主动参与学习的动力，丰富幼儿的感知经验，是一种发现问题与解决问题的能力。

在主题活动"各种各样的汽车"的探究中，孩子们对汽车表现出了浓厚的兴趣。他们在家中收集了很多玩具汽车，并经常在一起玩关于汽车的游戏。在一次游戏中，岳岳发现自己带来的汽车坏了，不能行驶。她便找来螺丝刀拧下螺丝，想要修理，旁边的孩子们见岳岳在修车，都围了过来。认识汽车的结构及种类如图3-30所示。

图3-30　认识汽车的结构及种类

他们把车身拆开后，发现原本以为结构复杂的汽车，仅仅由车身、底板和车轴、车轮组成。"好简单呀，我们都可以自己做汽车啦！"欣欣感叹道。其余的孩子一起欢呼起来："我也要做汽车！我也要做汽车！"在前期的主题探究中，孩子们关注到了汽车与人类生活的紧密联系，对不同类型的汽车及其基本结构有了一定的了解。如果孩子们尝试动手制作玩具汽车，将可能在科学、技术、工程和数学等方面获得更多的实践经验。

项目目标

★ 科学（S）

1. 了解汽车的不同动力源及行驶的科学原理。
2. 了解汽车的不同类型、功能及发展史。

★ 技术（T）

1. 正确使用木棍、直尺等工具对物体进行测量和比较。
2. 正确使用剥线钳、热熔胶枪等工具；安装适合的动力源，促使汽车跑起来。

★ 工程（E）

1. 了解汽车的结构、功能、特点，让幼儿喜欢参与设计制作玩具汽车的活动。
2. 能够装饰、美化自己的作品；乐意与同伴交流，敢于交流经验。

★ 数学（M）

1. 学会测试汽车车身、车轴的长与宽。
2. 学会观察汽车的行驶方向，以及汽车行驶速度的快慢。

教学流程

"车车向前冲"教学流程如图 3-31 所示。

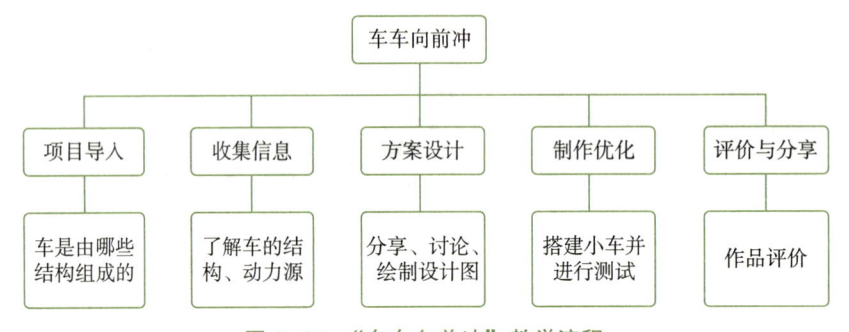

图 3-31 "车车向前冲"教学流程

第 1 课　车车大揭秘

活动目标

1. 了解汽车的结构、功能、特点以及动力源。
2. 能主动观察和探究生活中汽车的不同种类及其基本结构。

课时安排

2 课时，50 分钟。

第 3 章　建构我们的生活　143

🌟 提出问题

游戏活动 1：说一说

教师出示"各种各样的汽车"的图片及视频，让幼儿知道生活中常见的汽车种类，如小轿车、客车、货车等。

1. 讨论：你还见过哪些汽车？有什么特征？
2. 幼儿讨论并提出关键性问题：这些汽车是由哪些部分组成的？怎么才能跑起来呢？

游戏活动 2：我来探索

教师出示不同类型的玩具汽车，请幼儿看一看、摸一摸，说一说汽车的结构及动力源，如图 3-32 所示。

1. 幼儿想一想怎样给汽车提供动力让它跑起来？
2. 幼儿边观察实物边进行思考，小组内讨论，初步确定汽车的组成部分。
3. 幼儿依次向同伴展示自己观察汽车后的所思所想：

图 3-32　介绍汽车的结构

我发现公交车的车身很长，可以坐很多人；跑车可以跑得很快，底盘很低；消防车有大水箱，是靠柴油跑起来的；汽车是由座椅、方向盘、刹车、油门、车身、车窗、轮胎、轮轴、发动机组成的。

🌟 收集信息

游戏活动 3：亲子调查

为了更好地了解汽车的结构，幼儿准备做一次调查。教师和幼儿共同讨论确定调查的内容，并发放调查表。

教师鼓励亲子共同完成调查，引导运用多种方式（电脑、手机、音频等信息技术的支持；询问相关人员等其他资源的支持）完成调查。

游戏活动 4：调查分享

1. 幼儿分享调查的结果，教师将幼儿分享的结果分类记录下来，方便幼儿经验的梳理与整理（车的特征、动力源、组成部分等）。幼儿实地观察汽车如图 3-33 所示。
2. 师幼共同进行归纳总结，确定自己制作的车的基本结构。

图 3-33　幼儿实地观察汽车

学习评价

教师对幼儿的交流、讨论情况，以及调查完成情况等进行评价，并引导幼儿对自己和他人的表现进行评价，见表3-27。

表3-27 "车车大揭秘"环节评价表

评价内容	评价星级				教师评价	幼儿自评	幼儿互评
了解生活中常见汽车的种类以及动力来源	☆	☆☆	☆☆☆	☆☆☆☆			
主动调查汽车的相关资料，并能在班级中进行分享	☆	☆☆	☆☆☆	☆☆☆☆			
对汽车的探究充满兴趣，积极参与活动	☆	☆☆	☆☆☆	☆☆☆☆			
总评								

学习成果

幼儿通过集体活动以及分享调查，获得的主要学习成果或结论，如图3-34所示。

图3-34 幼儿的汽车调查结果

第2课 车车，我设计

活动目标

1. 能寻找并记录不同汽车的特征和用途，并尝试大胆设计不同的汽车。
2. 乐于和同伴分享自己发现的汽车的特征、动力源、组成部分。

课时安排

2课时，50分钟。

科学小探索

游戏活动1：分组探索游戏

1. 教师出示不同生活场景，如爸爸上班、小区着火、建筑工地等，请幼儿根据已知车的种类选择适合相应情境的车,并请幼儿说一说为什么想做这类车。

2. 在老师引导下,幼儿可以通过图片、视频、重点标注的形式,将不同汽车的组成部分、动力源、功能进行讲解、分享,为下一步制作设计做好准备。

3. 教师引导幼儿在 STEM 教室,通过对各种材料的实验,感知材料的软硬度及特点,确定制作不同车子的材料。

4. 教师鼓励幼儿自主分组,根据自己感兴趣的车子类型,分成四个小组:磁力公交车组、电动消防车组、太阳能智能车组和手推冰激凌车组。

5. 师幼共同讨论制作方案,确定制作汽车的类型。

设计方案

游戏活动 2:小小设计师

1. 提出难点,绘制汽车设计图。

(1)怎样给汽车提供动力让汽车跑起来?

幼:可以装上电池和小马达,做成电动车;用太阳能、磁铁作动力源。

师:小风扇产生风,把它装在小风车上,风是不是也可以推动汽车跑起来呢?

(2)通过师幼、同伴讨论,孩子们对汽车和动力源已经有了初步的想法。幼儿小组讨论汽车设计图如图 3-35 所示。

图 3-35　幼儿小组讨论汽车设计图

2. 教师鼓励幼儿绘制设计图,并尝试把所需的材料、制作步骤及成品样式画下来。

3. 幼儿以小组为单位,对自己绘制的设计图进行介绍,表达自己的想法和设计理念。

游戏活动 3:分享设计图

设计图完成后,小组成员介绍设计图的内容,如图 3-36 所示。

1. 介绍本组设计的汽车类型、功能及其使用的场合。

2. 介绍制作汽车的材料、材料的特点及选择它的原因。

图 3-36　幼儿分享汽车设计图

学习评价

教师对幼儿的交流、讨论情况，以及调查完成情况等进行评价，并引导幼儿对自己和他人的表现进行评价，见表 3-28。

表 3-28 "车车，我设计"环节评价表

评价内容	评价星级				教师评价	幼儿自评	幼儿互评
能够将自己调查的结果进行梳理，确定要制作的车型	☆	☆☆	☆☆☆	☆☆☆☆			
乐于与同伴交流经验，大胆表达自己的想法	☆	☆☆	☆☆☆	☆☆☆☆			
能用设计图表达自己的设想	☆	☆☆	☆☆☆	☆☆☆☆			
总评							

学习成果

幼儿分组交流、分享，自己绘制设计图。幼儿对各种车的结构、动力来源等方面有了比较清楚的了解，通过师幼共同进行归纳总结，小组讨论，确定了自己想制作的汽车的种类和基本结构、人员分工并明确了制作顺序以及材料，为接下来的搭建活动做铺垫。汽车设计图如图 3-37 所示。

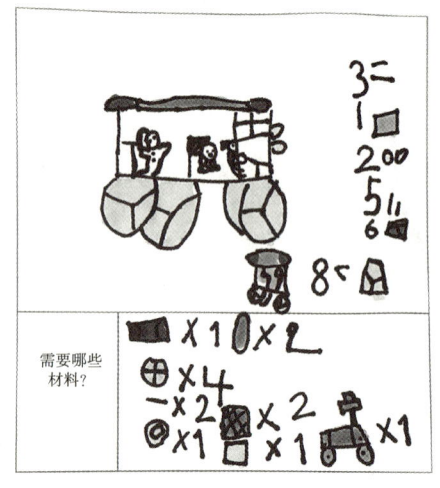

图 3-37 汽车设计图

第 3 课　车车，我制作

活动目标

1. 根据设计图选择重量、大小适合的材料制作车身。
2. 愿意与同伴合作完成汽车的基本结构制作，发现问题并尝试解决问题。

课时安排

2 课时，50 分钟。

材料选择

游戏活动 1：选择所需材料

1. 小组商讨确定搭建场地，并选择合适的搭建材料，如积木、雪花片、纸砖、薯片桶、酸奶瓶等。
2. 各小组根据前期设计方案的需要，在创客活动区或班级区域找到、选择适合的材料。幼儿简单介绍项目前期小组的设计方案以及所需要的材料，如图 3-38 所示。

图 3-38　寻找制作汽车的材料

3. 幼儿介绍自己收集到的材料的名称和材质，简单说明用途。

创意制作

游戏活动 2：小小工程师

1. 幼儿根据设计图，分组讨论相关制作材料摆放的位置及用途。
2. 各小组依据设计图，利用搜集到的材料合作制作各种汽车。
3. 小组分工制作并进行测试。教师巡回指导，如图 3-39 所示。

图 3-39　尝试制作汽车

解决问题

游戏活动 3：我的发现及解决策略

1.幼儿通过绘制汽车测试单，发现目前搭建中存在的问题，并分组介绍解决策略，见表 3-29（教师引导并提供必要的支持）。

表 3-29　汽车测试单

搭建过程：	是否搭建成功（是√否×）	遇到的问题	改进策略

2.通过测试汽车，每个小组都发现了一些问题，并找到了解决策略（教师引导并提供必要的支持），见表 3-30。

表 3-30　幼儿在汽车测试过程中发现的问题及解决策略

制作项目	发现的问题	解决策略
磁力公交车	磁铁的磁性较弱，幼儿移动磁铁的速度难以控制，导致磁力汽车行驶速度时快时慢	幼儿选择磁力更强的磁铁作为动力源并通过小组合作的方式控制移动磁铁的速度
电动消防车	电动消防车不能直线行驶	幼儿发现汽车不能直线行驶是因为车轴不正，于是他们对车身、车轴、轴套等大部分进行测量与调整，汽车可以直线行驶了
太阳能智能车	在雨天、阴天及室内，行驶速度缓慢，甚至不能行驶	在教师的引导下，幼儿决定将太阳能汽车改成多种动力能源汽车
手推冰激凌车	手推车车身太大、较重，影响速度	将制作车身的材料更换为更轻盈的材料

学习评价

教师对幼儿的交流、讨论情况，以及调查完成情况等进行评价，并引导幼儿对自己和他人的表现进行评价，见表 3-31。

表 3-31　"车车，我制作"环节评价表

评价内容	评价星级				教师评价	幼儿自评	幼儿互评
根据设计图进行搭建，在搭建过程中小组成员合作，任务分工明确，各司其职	☆	☆☆	☆☆☆	☆☆☆☆			
在遇到问题时，不轻易放弃，能充分讨论，创造性地提出解决问题的办法	☆	☆☆	☆☆☆	☆☆☆☆			
积极主动地进行小组间的学习与交流，根据学习结果对作品进行改进	☆	☆☆	☆☆☆	☆☆☆☆			
总评							

学习成果

孩子们在与多种材料进行互动中发散思维，进行多元探究，最后制作出了属于本组独一无二的汽车，每个孩子都体验到了成就感，如图 3-40 所示。

图 3-40 尝试制作的汽车

第 4 课 车车发布会

活动目标

1. 能在班级中大胆介绍汽车作品的设计和制作过程。
2. 根据同伴及老师的评价对汽车进行改进升级。

课时安排

2 课时，50 分钟。

评价与分享

游戏活动 1：车车成果展示

1. 展示成果，各小组成员分别根据自己的分组进行分享介绍。
2. 幼儿介绍：在制作过程中遇到了哪些困难？是如何解决的？有什么新的发现？
3. 小组汽车作品展示，见表 3-32。

表 3-32 汽车作品展示

小组	材料	汽车作品	功能及特点
磁力公交车组	废旧薯片桶、废旧水果网、磁铁、冰棒棍、KT 板等		磁力车根据前方磁铁的指引行驶，车上有棚，能够帮助乘客遮阳，容纳人数多

(续)

小组	材料	汽车作品	功能及特点
电动消防车组	废旧牙膏盒、电动马达、扇叶、废旧彩纸、毛根等		电动消防车的速度快，节能环保，可以灭火，有云梯等消防器材
太阳能智能车组	废旧瓶盖、冰棒棍、吸管、竹签等		太阳能智能车的车身轻巧、环保、节能，坚固耐用
手推冰激凌车组	废旧纸盒、泡沫积木、木签、玉米粒、奶油黏土等		手推冰激凌车的功能丰富，可以做冰激凌、供客人休息，手推可以自主控制车的速度

迭代更新

游戏活动2：玩一玩，测一测

孩子们设计制作了各式各样的汽车，并为它们取好了名字，想要举办一场新车发布会。孩子们快速行动了起来，并最终从环境布置、角色分工、介绍内容等多方面达成了一致，四个小组分别上台，展示汇报。

1. 小组分工：

（1）环境布置：展台：陈列汽车作品。准备音响、话筒，供主持人和介绍人使用。

（2）角色分工：各小组成员分别根据自己负责的部分进行介绍。

（3）介绍内容：设计、材料、技术、制作方法、特别之处等，并进行简单的平衡测试、操作演示。

2. 教师对幼儿进行有效提问：在制作过程中遇到了哪些困难？是如何解决的？有什么新的发现？

3. 幼儿开始展示自己的车子的功能，看看车子的结构是否稳定。幼儿完成小组互评，并自主评价，促进作品的不断完善、更新迭代。

4. 在测试中发现问题，小组开始讨论，如何解决问题，迭代更新，造出2.0版更完善的车子。

学习评价

在展示、测试环节，教师要关注每个幼儿的学习过程，进行拍照记录，适时给予评价

第 3 章 建构我们的生活　　151

和鼓励，并及时补充材料，撰写学习故事及观察、记录、评价幼儿，以及引导幼儿对自己和他人的表现进行评价，见表 3-33。

表 3-33 "车车发布会"环节评价表

评价内容	评价星级				教师评价	幼儿自评	幼儿互评
小组间合作意识强，能够在班级中展示分享在项目活动中的困难、成果和收获的喜悦	☆	☆☆	☆☆☆	☆☆☆☆			
能与其他组交流意见，对本组作品和其他组的作品进行评价	☆	☆☆	☆☆☆	☆☆☆☆			
能对车的速度、功能等进行测试，总结发现的问题	☆	☆☆	☆☆☆	☆☆☆☆			
积累经验以及接受建议，对今后的作品升级说出自己的想法	☆	☆☆	☆☆☆	☆☆☆☆			
总评							

学习成果

通过努力，幼儿成功组织了一场汽车发布会，如图 3-41 所示。最终从角色分工、环境布置、介绍内容等多方面达成了一致，四个小组分别上台，进行展示汇报，有效锻炼了幼儿的组织能力和表达协调能力。

图 3-41 汽车发布会

专家点评及教学建议

点评专家： 合肥市瑶海区教育体育局　光善慧

一、整体评价

汽车是孩子们生活中常见的交通工具，他们经常接触且比较了解其基本结构，对汽车有着浓厚的兴趣。项目活动"车车向前冲"始于孩子们对汽车的关注与讨论，主要进行了"车车大揭秘""车车，我设计""车车，我制作""车车发布会"等探究。

孩子们在探究中会遇到各种问题，也会随着探究的深入，自发地挑战有难度的问题，如怎样让小车跑得更快。一般情况下，我们鼓励孩子们通过自主探究、小组合作、同伴学习等方式解决问题，而对于某些共性、关键的问题，教师的及时介入对孩子探究兴趣的维持及探究能力的发展尤为重要。在项目活动中，教师更多以隐性支持的方式介入，如教师鼓励、支持孩子们的差异化探究，不限定他们的探究行为，让孩子们根据自己的喜好及经验水平选择解决问题的办法。

二、教学建议

1.备课要充分。对于个别环节，教师要提前做好预测。例如，给小车进行适当装饰这块，有些地方考虑不周，容易误导幼儿。

2.教师的显性支持也必不可少。教师提供丰富的材料，为幼儿的创造性活动提供了支持。在活动中，教师根据孩子们的需要，提前预估可能需要的材料并及时投放。孩子们在与多种多样的材料的互动中发散思维，进行多元探究，最后制作了各种各样的汽车。在思维发散过程中，每个孩子都体验到了成功感，这也是他们继续探究的原动力。

第 4 章

种植、养殖欢乐多

◎ 课例 11：蚕宝宝的新家

◎ 课例 12：小鸟宝宝回家去

◎ 课例 13：呀！土豆

◎ 课例 14：黄豆大变身

◎ 课例 15：种子生长记

4.1 课例11：蚕宝宝的新家

课例提供：北京大学附属幼儿园　贾楚晗
课例指导：北京大学附属幼儿园　孟帆

项目导入

《3—6岁儿童学习与发展指南》指出，支持幼儿在接触自然、生活事物和现象中积累有益的直接经验和感性认识。养蚕的过程就是感知生物的多样性和独特性的过程，幼儿从中感知蚕宝宝的生长过程。当幼儿自主发现问题时，教师能够支持和鼓励他们积极动手、动脑寻找答案或解决问题，鼓励他们根据观察或发现提出值得继续探究的问题。在STEM项目活动中给予幼儿充分的自由，支持和鼓励幼儿大胆联想、猜测问题的答案，并设法验证，为幼儿合作解决问题提供时间和空间。

班级植物角最近在不断地丰富和完善，孩子们带到幼儿园很多植物和小动物，但大家最感兴趣的还要属"蚕宝宝"。孩子们每天都到植物角拿着放大镜去观察，随着小蚕一天天长大，孩子们提出新问题："蚕宝宝长大了，这个盒子住着太挤了，能不能给它们造个新家？"孩子们的兴趣正浓，正是一个探索生命奇妙历程的好机会。基于这个真实情境下的新问题，我们以此为契机开展"养蚕记"STEM教育活动，让幼儿通过观察、照顾蚕宝宝，体验科学探索、动手创造的乐趣，感知生命的神奇。

项目目标

★科学（S）
关注蚕宝宝的生长需要，借助设计图为蚕宝宝造一个新家，启蒙幼儿的科学思维。
★技术（T）
筛选材料、利用粘贴、嵌套、截口等方式进行固定、拼接和建构，大胆尝试用不同材料进行实践。
★工程（E）
尝试按照自己内心的想法绘制设计图；调动认知思维，小组合作为蚕宝宝建造有单间的新家。

★数学（M）

应用观察、比较、对比的方法进行分类与测量。

教学流程

"蚕宝宝的新家"教学流程如图4-1所示。

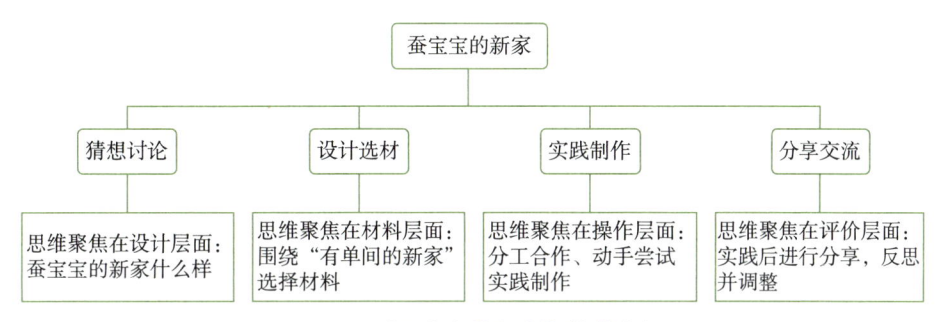

```
                    蚕宝宝的新家
        ┌──────────┬──────────┬──────────┐
      猜想讨论    设计选材    实践制作    分享交流
        │          │          │          │
    思维聚焦在   思维聚焦在   思维聚焦在   思维聚焦在
    设计层面：   材料层面：   操作层面：   评价层面：
    蚕宝宝的新   围绕"有单间  分工合作、   实践后进行
    家什么样    的新家"     动手尝试    分享，反思
                选择材料    实践制作    并调整
```

图4-1 "蚕宝宝的新家"教学流程

第1课　蚕宝宝的新家什么样

活动目标

1. 了解蚕宝宝的家的基本结构和功能。
2. 设想蚕宝宝的新家的样子。

课时安排

2课时，50分钟。

提出问题

游戏活动1：植物角里的问号

1. 幼儿思维的灵感来自植物角的观察：观察—学会喂养—解决"住"的问题。
2. 幼儿提出关键问题："蚕宝宝长大了，盒子太小了，想给蚕宝宝造个新家"。

通过集体讨论，幼儿分别提出关于蚕宝宝的新家想要了解的问题。有的孩子说："蚕宝宝家里有几个人啊？"有的孩子说："他们也住在高楼里吗？"还有的孩子说："蚕宝宝也和我们一样有自己的房间吗？"大家你一言我一语，对蚕宝宝的新家充满了好奇。

> 收集信息

游戏活动 2：一起来调查

1. 展开调查：教师发放养蚕小知识调查表，见表 4-1。鼓励幼儿与家长通过网上信息查阅、图书资源查阅、访问有经验的人员等方法共同完成调查。

2. 记录结果：教师建议幼儿与家长用文字、绘画等多种方式共同查阅资料，一起了解养蚕小知识，并共同完成调查表的内容，也可以留存照片、视频等资料。

表 4-1　养蚕小知识调查表

姓名：＿＿＿＿＿＿　　班级：＿＿＿＿＿＿　　时间：＿＿＿＿＿＿

蚕宝宝吃什么	养蚕需要注意什么
蚕宝宝的新家是什么样的	搭建蚕宝宝的新家需要哪些材料

游戏活动 3：调查分享

教师提供问题支架进行引导：通过你们的调查，了解到的蚕宝宝的新家应该是什么样呢？有没有哪位小朋友在家养过蚕？

1. 分享调查结果：幼儿分享关于蚕宝宝新家的调查结果。

2. 记录梳理：教师将幼儿分享的结果分类记录下来，让幼儿了解蚕宝宝的生长对于新家的要求。

3. 幼儿了解"蚕房"，见图 4-2 所示。

图 4-2　蚕房

> 学习评价

教师对幼儿的调查质量、亲子学习行为进行表现性评价，并引导幼儿对自己和他人的表现进行评价，见表 4-2。

表 4-2 "蚕宝宝的新家什么样"环节评价表

评价内容	评价星级				教师评价	幼儿自评	幼儿互评
大胆表达自己的猜想	☆	☆☆	☆☆☆	☆☆☆☆			
主动调查蚕的相关资料,资料收集全面且丰富	☆	☆☆	☆☆☆	☆☆☆☆			
主动交流自己的已有经验	☆	☆☆	☆☆☆	☆☆☆☆			
发挥想象,设想蚕宝宝的新家应该长什么样	☆	☆☆	☆☆☆	☆☆☆☆			
总评							

学习成果

幼儿了解了生活中养蚕的小知识,知道了蚕宝宝的房子的基本结构,初步了解了蚕宝宝的房子的作用,如图 4-3 所示。

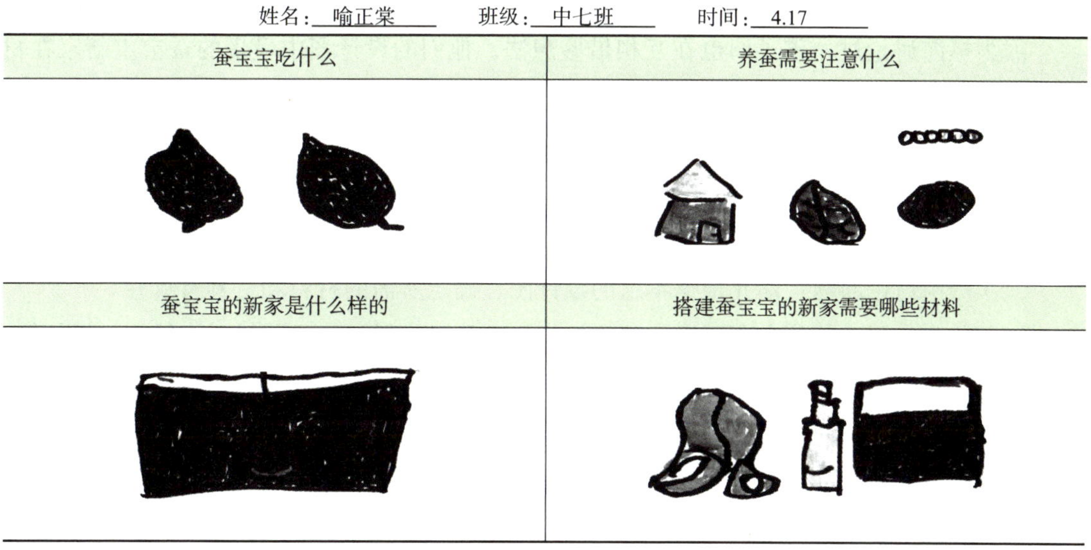

图 4-3 养蚕小知识调查结果

第 2 课　给蚕宝宝设计新家

活动目标

1. 了解蚕宝宝的生长对于新家的要求。
2. 激发幼儿设计、创造蚕宝宝的新家的兴趣。

课时安排

2 课时，50 分钟。

科学小探索

游戏活动 1：探索蚕宝宝的新家

1. 幼儿到蚕房了解蚕的生长过程，知道为什么蚕宝宝长到一定程度需要有"单间"的新家，了解蚕结茧时有一个可以支撑和依靠的角落更有助于结茧，如图 4-4 所示。

图 4-4　蚕宝宝的生长过程

2. 展开探索：我用什么造新家。

因为提前讨论过，孩子们也在互相借鉴想法，他们的设计图中呈现的蚕宝宝新家在材料上是存在一定的同质性的，于是教师的评价应发挥支架作用，对幼儿具有同质性的观点进行点评、归纳与总结，最终形成三个小组的设计方案。

（1）同质性想法归类分组：木棍组、纸箱组、纸杯组。幼儿对不同材料进行测试，根据其特点如硬度、柔韧度等，确定本组的制作材料。

（2）分组讨论问题：幼儿根据本组的设计图，确定所需的材料和工具有哪些。

（3）收集材料：幼儿先在班级中寻找相应的工具、材料，不足的材料（纸箱、纸杯等）从家中自带，或教师提供。

（4）师幼讨论：准备好所需材料，教师与幼儿讨论各种材料的基本特性，以及材料的用途和制作方法是否可行。

设计方案

游戏活动 2：我来设计蚕宝宝的家

1. 教师提出挑战性的任务，预设问题"蚕宝宝的家长什么样？"

2. 教师提供绘图纸，让幼儿形成初步的计划意识，在绘图纸上设计蚕宝宝的新家，见表 4-3。

3. 幼儿思考，并画出设计图。

第 4 章　种植、养殖欢乐多　159

表 4-3　设计蚕宝宝的新家

姓名：_____　　班级：_____　　时间：_____

蚕宝宝的新家

游戏活动 3：分享设计图

设计图完成后，小组成员介绍设计图的内容，如图 4-5 所示。

1. 介绍本组设计的蚕宝宝的新家造型、功能及其适合的场景。
2. 介绍制作蚕宝宝新家的材料、材料的特点及选择它的原因。

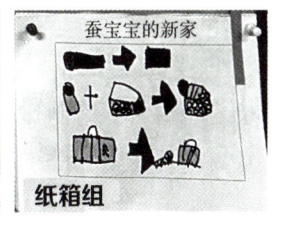

图 4-5　蚕宝宝的新家设计图

学习评价

教师就幼儿设计蚕宝宝的新家的过程进行观察，对幼儿的语言及行为表现进行评价，并引导幼儿对自己和他人的表现进行评价，见表 4-4。

表 4-4　"给蚕宝宝设计新家"环节评价表

评价内容	评价星级				教师评价	幼儿自评	幼儿互评
了解蚕宝宝的生长条件和对新家的需求	☆	☆☆	☆☆☆	☆☆☆☆			
全面展开调查，主动分享调查结果	☆	☆☆	☆☆☆	☆☆☆☆			
发挥想象力，绘制蚕宝宝的新家设计图	☆	☆☆	☆☆☆	☆☆☆☆			
分享设计方案并接受同质化设计方案整合	☆	☆☆	☆☆☆	☆☆☆☆			
总评							

学习成果

幼儿通过绘画设计出了蚕宝宝的新家，确认了制作材料，做好了小组成员分工，见图 4-6 所示。

图 4-6　蚕宝宝的新家设计图

第 3 课　制作蚕宝宝的新家

活动目标

1. 能根据设计图，确定制作蚕宝宝的新家所需的材料、工具有哪些。
2. 各小组依据设计图，分工合作进行制作。

课时安排

3 课时，75 分钟。

材料选择

游戏活动 1：选择制作蚕宝宝的新家的材料

雪糕棍、卡纸、A4 纸、纸箱、纸杯、双面胶、胶带、胶枪、胶棒、剪刀等。

创意制作

游戏活动 2：制作蚕宝宝的新家

1. 木棍组。

固定底座：孩子们把木棍粘贴到硬纸板上当底座，用不同长度的木棍尝试测量，验证哪个长度的木棍拼接起来与纸板长度刚好合适。

建造围墙：孩子们用硬纸板当底座，将木棍竖着依靠在加厚的硬纸板边缘，并请老师帮忙用胶枪固定，当作围墙。

加固围墙：竖着的木棍虽然固定住了，但一根根单独的木棍还是会一碰就倒，孩子们复刻以往编纸条的经验，又横着插进去几根木棍，终于做出了坚固的围墙。

造出单间：孩子们把木棍十字交叉垒起来，做成了有单间的新家。

2. 纸箱组。

拆解纸箱：孩子们剪掉纸箱上面的四块纸板，保留余下部分当作新家。

分割单间：孩子们尝试用剪掉的纸板做单间，先插好竖着的两条，用剩下的纸板剪成小方块横着再隔出小单间，结果发现固定不住，总是晃动。

拼插单间：有孩子提出把两块纸板插在一起，沿用拼插经验，通过比较、画线、裁剪得到等距的缺口，把挡板嵌套进纸箱里。

3. 纸杯组。

蜂窝联想：仿制蜂窝，孩子们用一个个小纸杯连接起来，瞬间做出有单间的新家。

稳固新家：孩子们在操作时遇到新问题，用胶棒连起来的纸杯总是会倒。有人建议："我们得把纸杯靠得紧一点。"有人提出："连接起来的纸杯越多，房子就越稳！"

解决问题

游戏活动 3：我的发现及解决策略

在蚕宝宝的新家制作过程中，每个小组在验证自己想法的同时都会发现一些问题，但他们也在这个过程中不断进行反思、讨论，寻找解决策略，见表 4-5。

表 4-5　在蚕宝宝的新家制作过程中发现的问题及解决策略

制作项目	发现的问题	解决策略
木质新家	尝试把木棍插进硬纸板的边缘，竖着的木棍不够稳固，一碰就倒	尝试把底座加厚，将木棍竖着粘贴到平铺好的底座上，反复尝试用胶棒、双面胶粘连，结果都不太稳固，最后请老师帮忙用胶枪完成固定。复刻编纸条的经验，横着将木棍插到竖着的木棍中，形成坚固的围墙
纸箱新家	在制作单间隔板时，想用剩下的纸板剪成小方块，横着再隔出小单间，可是剪了一块以后发现小纸板固定不住，总是晃动	有一个小朋友提出可以把两块纸板插在一起，通过比较、画线、裁剪的方式剪下等距的缺口，把挡板嵌套进纸箱里
纸杯新家	在将单独的纸杯连接起来的时候，用胶棒连起来的纸杯总是会倒	把纸杯靠得紧一点，连接更多的纸杯，使房子稳固

学习评价

幼儿根据设计图进行分组，确定制作蚕宝宝的新家所需的材料、工具等。教师对幼儿在制作过程中的表现进行评价，并引导幼儿对自己和他人的表现进行评价，见表 4-6。

表 4-6 "制作蚕宝宝的新家"环节评价表

评价内容	评价星级				教师评价	幼儿自评	幼儿互评
合作小组汇总、讨论方案的可行性	☆	☆☆	☆☆☆	☆☆☆☆			
根据设计选择所需材料及工具	☆	☆☆	☆☆☆	☆☆☆☆			
主动执行分工任务，合作完成项目	☆	☆☆	☆☆☆	☆☆☆☆			
在制作过程中不断发现问题、解决问题	☆	☆☆	☆☆☆	☆☆☆☆			
总评							

学习成果

幼儿通过合作完成了蚕宝宝的新家的制作，在活动过程中用小工程师的思维方式思考，在合作过程中能够发现问题并学会解决问题，如图 4-7 所示。

图 4-7 蚕宝宝的新家

第 4 课　展示我的风采

活动目标

1. 小组成员分享自己的设计图和制作的蚕宝宝的新家。
2. 分小组给蚕宝宝搬新家。

课时安排

1 课时，25 分钟。

评价与分享

游戏活动1：蚕宝宝的新家建好啦

四个小组分别上台分享、展示。

1. 介绍：各组成员分别根据自己负责的部分对设计、材料、技术等问题进行分享。
2. 提问：教师对幼儿进行有效提问：在制作过程中遇到了哪些困难？是如何解决的？有什么新的发现？
3. 展示：幼儿展示作品，见表4-7。

表4-7 作品展示

小组	材料与工具	作品	功能及特点
木棍组	雪糕棍、硬纸板、胶枪等		制作工艺有创新点，复刻编纸条的经验，实现知识迁移
纸箱组	纸箱、彩纸、胶棒等		坚固且便于制作多个小房间，废物利用体现环保意识
纸杯组	纸杯若干、剪刀、双面胶等		操作简单、易连接，体现幼儿的创新意识，省时省力

迭代更新

游戏活动2：蚕宝宝搬新家

1. 幼儿开始将蚕宝宝放进本组制作的新家，与同伴分享蚕宝宝的新家。
2. 幼儿在新家养蚕的过程中持续观察，发现蚕宝宝入住新家的问题。小组讨论如何解决问题，进一步改善、更新蚕宝宝"住"的环境。

学习评价

各小组成员分别对本组建造的新家进行分享，教师对幼儿的表现进行评价，并引导幼儿对自己和他人的表现进行评价，见表 4-8。

表 4-8 "展示我的风采"环节评价表

评价内容	评价星级				教师评价	幼儿自评	幼儿互评
根据设计图完成制作，并对制作情况进行评价	☆	☆☆	☆☆☆	☆☆☆☆			
是否解决了制作过程中遇到的问题	☆	☆☆	☆☆☆	☆☆☆☆			
积极展示作品并主动分享、交流	☆	☆☆	☆☆☆	☆☆☆☆			
是否全面、完整地进行工程技术介绍	☆	☆☆	☆☆☆	☆☆☆☆			
总评							

学习成果

幼儿能够积极分享、交流本组的制作情况，并能客观评价本组和其他组的作品，大胆表达从中发现的问题，主动交流、讨论，为后期的优化改进提出建议，如图 4-8 所示。

图 4-8 分享蚕宝宝的新家作品

专家点评及教学建议

点评专家： 北京大学附属幼儿园园长　王燕华

一、整体评价

本次活动依托真实情境，生发于幼儿的兴趣。活动不仅是有趣的，更是有用的。STEM 项目的核心是真实世界的真实问题，项目实施围绕解决生活中的真实问题展开。本次活动就来源于幼儿在植物角中发现的真实问题，幼儿在教师的帮助下进行主动探究，能运用多领域的知识、技能进行创新创造，在进行工程设计和实践制作的过程中了解如何照顾蚕宝宝，为蚕宝宝搭建一个合适的家，在考虑现实需求的同时，能遵循幼儿内心真实的想法进行设计和尝试制作，虽然遇到了很多问题与困难，但幼儿在遇到问题、解决问题的过程中获得了新经验。

二、教学建议

1. 在本次活动过程中，教师还应注重让活动变得更有趣，在允许幼儿自主探索的同时，教师也要在活动设计过程中为幼儿提供更为丰富的材料进行装饰，让蚕宝宝的新家在幼儿的一双双巧手下变得更漂亮。

2. 教师还可以提出更多具有挑战性的问题，例如目前的房子如何防止蚕宝宝爬出来？教师将问题抛给孩子，继续解决蚕宝宝住在新家中的实际问题，让幼儿感觉还有更多期待和探索空间，也可以让幼儿创造出更实用的东西来。

3. 安全建议。幼儿从预想设计到实践创设，大部分选择废旧的、生活中常见的物品，在用胶枪固定木棍房子时，由教师进行配合指导，比较安全。在工程技术方面，还有更多的固定方式，教师可以借助幼儿在项目中遇到的"固定连接"问题展开调查和讨论，让幼儿选择可自行操作的更安全的方法来完成实践制作。此外，由于本项目活动需要用到剪刀等尖锐工具和木棍等材质较硬的材料，所以在活动前教师要交代清楚使用工具的安全规则和注意事项；在活动过程中要关注幼儿的操作情况，在操作不当时及时提醒，避免发生危险。

4.2 课例12：小鸟宝宝回家去

课例提供： 合肥市大兴幼儿园　王薇
课例指导： 合肥市瑶海区教育体育局　光善慧

项目导入

《3—6岁儿童学习与发展指南》中指出，要充分尊重和保护幼儿的好奇心和学习兴趣，创设丰富的教育环境，最大限度地支持和满足幼儿通过直接感知、实际操作和亲身体验获取经验的需要，注重各领域的相互渗透和整合，促进幼儿全面发展。

在今年的植树节活动中，每个班级的小朋友通过调查和投票选出了自己心仪的"班树"。在挂班牌的过程中，中班的小朋友发现了一只小鸟落在了自己的班树上，跳来跳去，久久不愿离开。

小亮说："小鸟应该是觉得班树太漂亮了，所以想多看一会。"

小萌说："小鸟想住在我们的班树上。"

小义说："要不我们给小鸟做个家放在班树上吧。"这个提议得到了中班小朋友的一致认同。

项目目标

★科学（S）

1. 认识和了解各种各样的不同材质的鸟窝。
2. 认识鸟窝的不同形状。
3. 了解鸟窝的基本结构。

★技术（T）

1. 可以将自己的想法和设计变成实物。
2. 在不断地尝试过程中改进材料的用法。

★工程（E）

1. 初步绘制鸟窝设计图，并根据设计图不断改进。

2. 感知不同形状、不同材质的鸟窝，具备一定的工程意识，提高实践能力。

3. 能利用废旧的美术材料来制作鸟窝。

★ 数学（M）

1. 在制作前，利用各种方式了解各种鸟窝的形状。

2. 在制作的过程中，了解数与量的关系，感知数与量有规律的叠加可以形成固定模型。

教学流程

"小鸟宝宝回家去"教学流程如图 4-9 所示。

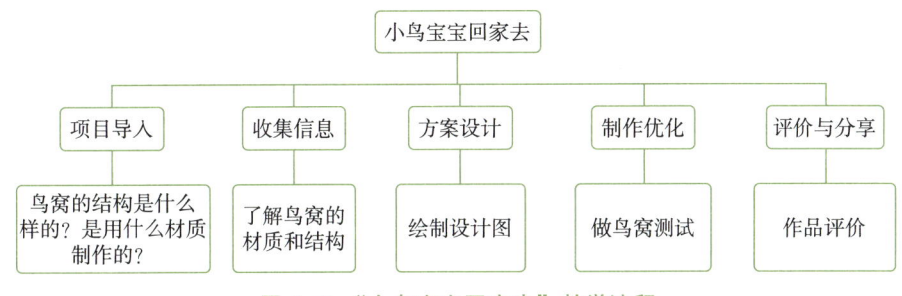

图 4-9 "小鸟宝宝回家去"教学流程

第 1 课 小鸟的家，我观察

活动目标

1. 观察鸟窝的形状和鸟窝的材质。
2. 尝试将自己看到的和学习到的知识用语言表达出来。
3. 幼儿能够主动开展亲子调查，并思路清晰地汇报自己感兴趣的鸟窝的相关资料。

课时安排

3 课时，75 分钟。

提出问题

游戏活动 1：看一看，提问题

1. 兴趣驱动，活动导入。教师出示已经准备好的 PPT，展示不同形状和不同材质的鸟窝，如图 4-10 所示。在看的过程中，教师让幼儿仔细观察鸟窝的细节，观察自然界中鸟窝的材质。

图 4-10　教师展示鸟窝图

2. 提出问题：所有的鸟窝都一样吗？它们是用什么做出来的？

3. 教师根据问题，引发幼儿思考：小鸟的鸟窝都是用什么建成的？

4. 教师引发幼儿自主思考，分小组讨论，初步确定鸟窝的制作材料。

5. 幼儿上台介绍自己的所思所想，如图 4-11 所示。

"我观察到有的鸟窝是用小木棍做的，有的鸟窝是用草加青苔做的，还有的鸟窝是用长长的草编织而成的……"

图 4-11　幼儿上台介绍所思所想

收集信息

游戏活动 2：亲子调查

1. 师幼讨论：确定调查内容。

2. 教师发放鸟窝调查表，见表 4-9。

3. 教师鼓励亲子共同完成调查，运用多种方式（教师适当引导：网络搜索、手机查询、访问相关人员、科技馆实地考察等）完成调查。

4. 幼儿学会留存调查资料，照片、音视频均可。

表 4-9　鸟窝调查表

班级：_____　学号：_____

鸟窝的形状	
鸟窝的材质	
调查方式	

游戏活动 3：我分享，我选择

1. 幼儿分组展示近期和家长在家里调查的结果，可分享调查表，也可在家长协助下运用信息化手段（PPT、图片投屏等方式）来分享，如图 4-12 所示。分享内容包括自己和父母通过调查得到的不同小鸟的鸟窝样子、各种不同的鸟类住什么样的鸟窝，以及自己观察到的小鸟建造鸟窝的过程。

2. 在幼儿分享过程中，教师将幼儿分享的内容记录下来并分类整理。幼儿根据调查所得知的鸟窝结构，讲解、分享鸟窝应有哪些基本的组成部分，加深对鸟窝结构的认识。

3. 幼儿根据小朋友的分享自主选择活动小组。

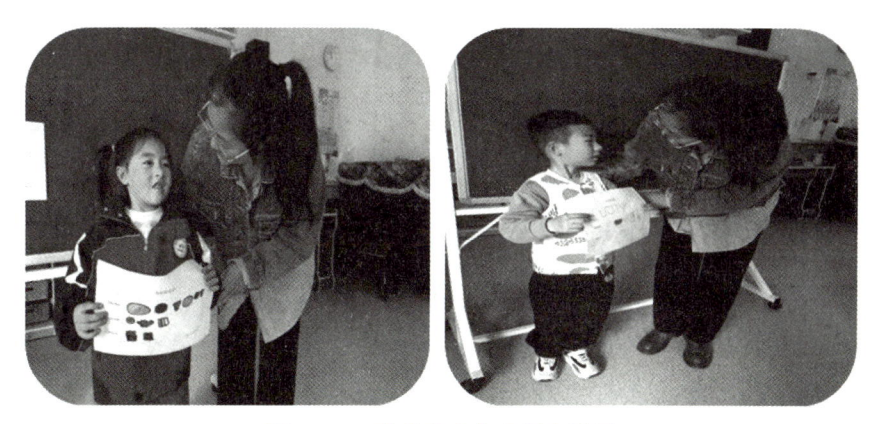

图 4-12　幼儿分享鸟窝调查结果

学习评价

教师对幼儿任务的完成情况和质量，以及分享、交流收集调查等行为进行表现性评价，并引导幼儿对自己和他人的表现进行评价，见表 4-10。

表 4-10 "小鸟的家，我观察"环节评价表

评价内容	评价星级				教师评价	幼儿自评	幼儿互评
了解鸟窝的不同形状（目标完成度）	☆	☆☆	☆☆☆	☆☆☆☆			
了解鸟窝所用的不同材料（目标完成度）	☆	☆☆	☆☆☆	☆☆☆☆			
在班级中积极发言，与同伴进行探讨并把自己的想法表达出来（合作，积极思考，善于探索）	☆	☆☆	☆☆☆	☆☆☆☆			
总评							

学习成果

幼儿根据调查内容，更进一步了解了鸟窝的外在形状和材质，初步了解了鸟窝的构造，如图 4-13 所示。

（1）鸟窝的外在形状：圆形最为常见，还有三角形、菱形等。

（2）鸟窝的材质：有泥土、干草、苔藓及鸟类唾液等。

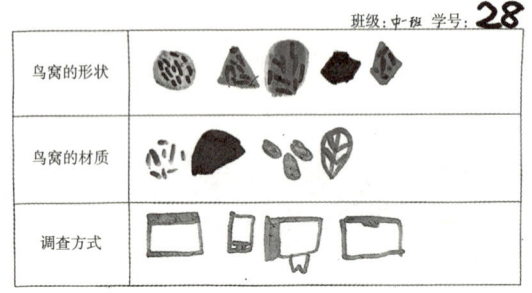

图 4-13 鸟窝调查内容

第 2 课　鸟窝我设计

活动目标

1. 幼儿根据调查到的鸟窝的相关知识，选择自己感兴趣的鸟窝，形成项目小组，开始思考设计鸟窝。

2. 小组讨论，绘制本组鸟窝的设计图，确定本组鸟窝所需要的材料。

课时安排

2 课时，50 分钟。

科学小探索

游戏活动1：分组探索游戏

1. 师幼共同归纳和总结鸟窝的形状和材质，并通过观察实物加深理解。

2. 教师根据小朋友的总结和归纳，将鸟窝的基本结构展示在PPT上，如图4-14所示。幼儿提出问题：小鸟制作鸟窝时间太长了，鸟妈妈太辛苦了！生活中还有很多材料，可不可以用其他更好的材料制作鸟窝呢？

3. 幼儿根据调查所得知的鸟窝结构，通过对各种材料的实验，感知材料的软硬度及特点，尝试搭建鸟窝。幼儿最终确定超轻黏土、扭扭棒、竹茹丝等材料适合搭建鸟窝。

4. 幼儿通过尝试，明白了叠加、内壁、外壁等鸟窝的基本结构和知识。

图4-14 鸟窝的基本结构

设计方案

游戏活动2：我来设计小鸟的家

1. 幼儿根据自己的想法开始分组绘制鸟窝设计图，如图4-15所示。

2. 幼儿讨论生活中哪些材料也可以用来做鸟窝。

图4-15 幼儿绘制鸟窝设计图

游戏活动 3：分享设计成果

分享思路，寻找解决办法。

1. 幼儿分组绘制鸟窝设计图，每一组选择一个小朋友分享本组的设计思路，如图 4-16 所示。

2. 幼儿说一说在设计过程中遇到了哪些困难，有哪些解决了，有哪些还未解决。例如：想制作一款轻便的鸟窝，用什么材料合适；想制作一款牢固的可长期使用的鸟窝需要用什么材料。幼儿给出解决方案：用什么样的材料可以快捷地制作出一个漂亮的鸟窝。

3. 在进行分享后，幼儿分组讨论，根据设计图寻找合适的材料。

图 4-16　幼儿分享鸟窝设计图

学习评价

教师对幼儿的任务完成情况和质量，以及分享、交流、收集、调查的行为进行表现性评价，并引导幼儿对自己和他人的表现进行评价，见表 4-11。

表 4-11　"鸟窝我设计"环节评价表

评价内容	评价星级				教师评价	幼儿自评	幼儿互评
深入了解鸟窝的构造及特点，小组讨论鸟窝设计思路	☆	☆☆	☆☆☆	☆☆☆☆			
小组合作，绘制大家感兴趣的鸟窝设计图	☆	☆☆	☆☆☆	☆☆☆☆			
主动分享设计图，大胆介绍自己的创意。并根据同伴的意见修改设计图	☆	☆☆	☆☆☆	☆☆☆☆			
总评							

学习成果

幼儿通过试验测试制作鸟窝的材料，并完成小组选定的鸟窝设计图，如图 4-17 所示。获取相关知识，幼儿的主要学习成果为鸟窝设计图。

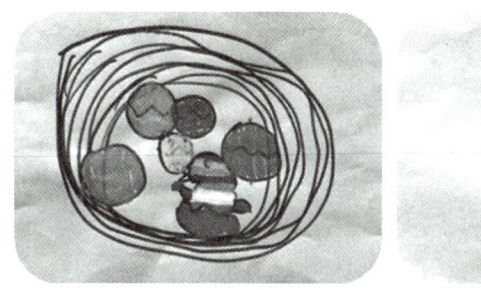

图 4-17 幼儿绘制的鸟窝设计图

第 3 课　鸟窝我制作

活动目标

1. 幼儿根据设计图分享制作思路、尝试解决即时发现的问题。
2. 整合资源，根据小组计划收集预设的所需材料。
3. 对照设计图，各小组尝试分工合作制作鸟窝。

课时安排

3 课时，75 分钟。

材料选择

游戏活动 1：我的材料我来选

1. 在活动之前已经对项目的相关知识和内容进行了调查，已有相关知识储备。教师引导幼儿讨论各种材料的基本特性，指导各组获取合适的制作材料。
2. 根据各小组预设的所需材料，教师鼓励家长带领幼儿扩大收集范围，整合社会、家庭、幼儿园的资源。
3. 材料清单：超轻黏土、扭扭棒、竹茹丝。

创意制作

游戏活动 2：我的鸟窝，我来做

1. 幼儿回顾鸟窝的形状和需要的材料。

2. 幼儿讨论：制作鸟窝还需要做哪些准备工作？

3. 解决问题：让鸟窝更漂亮、制作更简便，幼儿经过自主讨论及选取材料，分为三组进行。

4. 幼儿制作鸟窝，教师巡回指导，引导幼儿自主思考和解决问题，如图4-18所示。

图 4-18　幼儿制作鸟窝

解决问题

游戏活动3：我的发现及解决策略

幼儿在鸟窝搭建过程中，发现了很多问题，并积极寻找解决策略，见表4-12。

表 4-12　幼儿在鸟窝搭建过程中发现的问题及解决策略

制作项目	发现的问题	解决策略
超轻黏土鸟窝	搓出来的超轻黏土条粗细不一，导致鸟窝两边不一样高	小朋友发现用手搓的时候劲大一些就细一些长一些，用劲小的时候就会粗一些短一些。有小朋友根据自己已有经验，将超轻黏土放在大的硬塑料板底下搓，轻轻搓，可以搓出粗细一样的超轻黏土条
扭扭棒鸟窝	扭扭棒的长度有限，在制作过程中不好让扭扭棒变长	小朋友发现扭扭棒是非常软的，容易做造型，可以将扭扭棒接在一起。有的小朋友将它像绳子一样系起来，有的将它的接头处扭在一起，最后发现扭在一起的既方便又美观
竹茹鸟窝	小朋友发现竹茹太轻而且容易掉渣，也不好做造型，不好做鸟窝	小朋友们想到其他组制作的鸟窝里没有保暖的物品，就把竹茹当作鸟窝的保暖物放里面了。他们的这个想法也得到了其他小组的同意

学习评价

教师对幼儿任务的完成情况和质量，以及分享、交流、收集、调查的行为进行表现性评价，并引导幼儿对自己和他人的表现进行评价，见表4-13。

第 4 章 种植、养殖欢乐多

表 4-13 "鸟窝我制作"环节评价表

评价内容	评价星级				教师评价	幼儿自评	幼儿互评
与同伴共同探讨收集到的信息（合作，积极思考，善于探索）	☆	☆☆	☆☆☆	☆☆☆☆			
深入了解鸟窝的构造及特点（目标完成度）	☆	☆☆	☆☆☆	☆☆☆☆			
可以根据同伴的分享自主选择合作小组，合作完成设计图及成品（合作，积极思考，自主选择）	☆	☆☆	☆☆☆	☆☆☆☆			
总评							

学习成果

前两组幼儿在制作鸟窝的过程中，根据前期绘制的设计图，对小组分工和两种鸟窝的基本结构框架进行了规划。第三组幼儿发现材料无法制作成功，最终选择了和其他组合作，如图 4-19。同时通过活动中出现的实际问题，教师及时介入，加以引导、交流评价，初步完成了对两种方案的迭代完善，实现了初步的作品制作，进一步尝试用多种方式调动生活中的资源、经验进行整合，以更好地适配完善后的方案、适合下一步的实际体验使用。在这一过程中，幼儿提升了创造性思维、动手能力，以及数学、科学、工程等多学科知识融合应用能力。

图 4-19 三组鸟窝制作完成

第 4 课　小鸟回家啦

活动目标

1. 幼儿在游戏情境中进行角色扮演，模仿鸟妈妈，同时进行进一步的测试。
2. 在测试过程中，将发现的问题通过适宜的方式及时解决。
3. 幼儿分小组进行展示汇报，并分享项目实施的心得和收获。

课时安排

2课时，50分钟。

评价与分享

游戏活动1：分享成果

1. 各小组成员分别根据自己负责的部分进行介绍（设计、材料、技术、问题等），并进行简单的操作演示，见表4-14。

2. 教师对幼儿进行有效提问：在制作过程中遇到了哪些困难？是如何解决的？有什么新的发现？

表4-14　鸟窝作品展示

小组	所用材料	鸟窝作品	特点及功能
超轻黏土组	超轻黏土		材料轻便容易塑性，鸟窝较大适合中型小鸟，适合放置在较高的树上
扭扭棒组	扭扭棒		鸟窝结构扎实，不易被损坏，适合小型小鸟。可放置在树枝较多较杂的中型灌木中
竹茹组	竹茹		放置在前两组的鸟窝中，让鸟窝有了更好的保暖效果，更适合鸟妈妈孵蛋所用

迭代更新

游戏活动2：玩一玩，测一测

小朋友各自扮演不同的小鸟妈妈和小鸟宝宝，一起来看一看小鸟妈妈们制作的鸟窝合不合适、实用不实用。

1. 幼儿对自己的作品、自己遇到的问题及鸟窝还可以怎么改进,进行总结和分享。教师适当总结和引导。

2. 各小组总结是否给小鸟制作出了更好更漂亮的鸟窝,并对整个环节和过程进行总结和分享。教师引导幼儿分享项目开展心得及想法,回顾项目初始阶段提出的问题是否已解决,如何解决的?

3. 教师总结、解决项目问题:有哪些新型和方便的材料可以做鸟窝——可以用超轻黏土和扭扭棒既方便又快捷;怎么样让材料叠加在一起变成鸟窝——材料一定要是相似的、长短粗细差不多的。

学习评价

教师对幼儿任务的完成情况和质量,以及测试使用、展示汇报等行为进行表现性评价,并引导幼儿对自己和他人的表现进行评价,见表4-15。

表4-15 "小鸟回家啦"环节评价表

评价内容	评价星级				教师评价	幼儿自评	幼儿互评
在活动中小朋友积极合作,为团队目标而努力	☆	☆☆	☆☆☆	☆☆☆☆			
在遇到问题和困难时积极思考,努力解决问题	☆	☆☆	☆☆☆	☆☆☆☆			
在活动过程中保持良好的情绪,遇到问题可以及时解决	☆	☆☆	☆☆☆	☆☆☆☆			
在选材时尽量选择容易获得的或者将废旧物品再利用	☆	☆☆	☆☆☆	☆☆☆☆			
完成作品后能积极介绍本组的作品及其优势	☆	☆☆	☆☆☆	☆☆☆☆			
总评							

学习成果

幼儿通过完成项目作品的制作与使用、评价任务等,获得了语言表达能力及团队协作能力的提升,分别在班级中进行了展示汇报,且通过教师的评价获取了改进意见,同时也学习到了同伴的优秀做法,这也给作品的进一步升级改造奠定了基础。鸟窝上树如图4-20所示。

图 4-20　鸟窝上树

专家点评及教学建议

点评专家： 合肥市瑶海区教育体育局　光善慧

一、整体评价

以上活动的主要目标是让幼儿了解鸟窝的各种形状和结构，通过解决问题、创造性思考和运用各种技能与伙伴一起搭一个鸟窝，培养幼儿的设计思维和解决问题的能力。在设计和制作鸟窝的过程中，教师能尊重和适时地引导幼儿，激发幼儿对鸟窝的探究想法。在展示活动风采中，幼儿积极参与并展示自己的作品，充分说明幼儿已经有了初步的自主探究能力。在活动过程中，幼儿遇到了各种各样的问题，如竹茹无法完成鸟窝制作。幼儿自主思考，利用团队合作将竹茹由主料变成辅料，来和另外两组共同完成制作。这体现了幼儿的开放性思维及团队协作能力，在探究的过程中引发的各种问题又激发了幼儿进一步探究的兴趣，为幼儿未来更好地去探索世界和创新未来打下了坚实的基础。

二、教学建议

1. 由日常活动引入鸟窝这个话题，生动有趣，充分激发了孩子们的兴趣。在调查过后，教师应充分让幼儿再次去理解和内化鸟窝的基本结构，让幼儿分小组讨论，找出制作鸟窝的关键技术难关，再次通过调查和探究加深印象。

2. 开放性的游戏环境和材料是幼儿创造性地解决问题的关键。充满挑战、自主支配、激发创造的游戏环境和材料，是激发幼儿主动学习的良好载体。在本次课例中材料应更加丰富，可增加树枝、稻草、编织绳等与现实鸟窝材料更为贴近的材料，可以让幼儿体会更深刻。

3. 安全建议：在验证鸟窝的稳定性和固定鸟窝时，教师要提醒幼儿注意安全。

4.3　课例13：呀！土豆

课例提供： 山东省临沂市蒙阴县启航幼儿园　张敏、王继云、崔健
课例指导： 蒙阴县教育和体育局　公艾青

项目导入

《3—6岁儿童学习与发展指南》中指出，幼儿的科学学习是在探究具体事物和解决实际问题中，尝试发现事物间的异同和联系的过程。幼儿科学学习的核心是激发探究兴趣，体验探究过程，发展初步的探究能力。作为教师我们要善于发现和保护幼儿的好奇心，充分利用自然和实际生活中的机会，让幼儿学习发现问题、分析问题和解决问题；帮助幼儿不断积累经验，并运用于新的学习活动，形成受益终身的学习态度和能力。

周末到了，星贺在我们班级群里分享了一张照片，原来是星贺家的土豆收获了，如图4-21a所示。土豆又大又圆，星贺的小手差点就抓不过来了。星贺的发现引起了孩子们浓厚的兴趣，下午雅文又在群里分享了自己的收获，雅文发现土豆的花是白色的，还有黄色的花蕊，土豆是黄色的。孩子们的热烈讨论，让我也忍不住走到了小菜园里去细心观察土豆，如图4-21b所示。那土豆到底还有什么秘密呢？土豆又带给我们什么惊喜呢？于是，中七班与土豆的故事开始啦！

a）星贺分享土豆收获　　b）教师的发现

图4-21　我们的发现

项目目标

★ 科学（S）

1. 多方面了解土豆的特征，学会观察土豆，以及根、茎、叶。
2. 了解土豆内部富含大量淀粉，并通过实验观察土豆内部的淀粉，懂得淀粉遇碘酒变蓝的科学原理。
3. 能够动手提取淀粉，懂得淀粉溶于水的科学原理。

★ 技术（T）

1. 能使用简单的工具和材料，掌握切、擦、挤和过滤等技能，培养幼儿的动手操作能力。
2. 通过绞肉机和榨汁机的替换，制作出不同细腻程度的土豆渣，培养幼儿多角度思考和分析问题。
3. 利用提取的淀粉进行各种美食制作，提高生活技能。
4. 能够绘制土豆调查表和提取淀粉流程图，培养幼儿的绘画能力，让其能够大胆地作画。

★ 工程（E）

1. 幼儿设计提取淀粉流程图，培养幼儿的设计思维。
2. 通过在日常生活中收集各种材料进行淀粉提取，培养幼儿的动手、动脑能力。

★ 数学（M）

在实验和提取过程中进行统计记录，培养幼儿的逻辑思维能力。

教学流程

"呀！土豆"教学流程如图 4-22 所示。

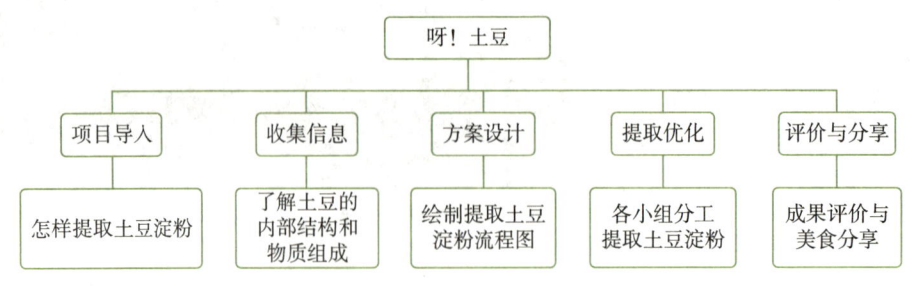

图 4-22 "呀！土豆"教学流程

第 1 课　你好，土豆

活动目标

1. 师幼共同观察实物，了解土豆的基本结构。
2. 引导幼儿观察土豆根、茎、叶，通过摸、闻等方式了解土豆。
3. 幼儿边观察边思考，并且分组讨论，了解土豆内部的组成。

课时安排

2 课时，50 分钟。

提出问题

游戏活动 1：认识土豆，提出问题

在活动中，教师引导幼儿认真观察植物土豆，见图 4-23。观察后，教师请幼儿分组讨论，并进行圆桌交流，幼儿提出自己感兴趣的有关土豆的话题：

1. 我们见过什么样的土豆？
2. 土豆有什么结构特点？
3. 土豆的果实到底是什么？
4. 切开的土豆放置一会儿后表面为什么会有白色的粉末？

图 4-23　观察土豆

收集信息

游戏活动 2：土豆调查

教师发放土豆的秘密调查表，见表 4-16。

1. 师幼讨论：确定调查内容。
2. 教师鼓励亲子完成调查，运用多种方式（电脑、手机或者询问相关人员的技术支持）完成调查。
3. 家长与幼儿共同查阅土豆的相关资料，感知土豆的基本特点，并共同完成调查表。幼儿学会留存调查资料，照片、音视频均可。

表 4-16　土豆的秘密调查表

姓名：_____　　日期：_____

土豆是什么样的 （形状、颜色、富含的物质）	我的发现	调查方式 （手机、邮件、询问）

游戏活动 3：调查分享

教师请幼儿分享自己的调查内容，并进行集体讨论，如图 4-24 所示。

图 4-24 分享土豆调查内容

学习评价

教师对幼儿的调查质量、团队合作，以及小组设计、交流、分享的行为进行表现性评价，并引导幼儿对自己和他人的表现进行评价，见表 4-17。

表 4-17 "你好，土豆"环节评价表

评价内容	评价星级				教师评价	幼儿自评	幼儿互评
了解生活中常见的土豆并探究土豆中的白色粉末	☆	☆☆	☆☆☆	☆☆☆☆			
主动调查土豆的相关资料，并能在班级中进行分享	☆	☆☆	☆☆☆	☆☆☆☆			
能与小组成员合作，共同完成任务	☆	☆☆	☆☆☆	☆☆☆☆			
对土豆和淀粉的探究充满兴趣，积极参与活动	☆	☆☆	☆☆☆	☆☆☆☆			
总评							

学习成果

幼儿了解了生活中常见的土豆并探究了土豆中的白色粉末，知道了土豆的果实是什么，初步了解了土豆的结构特点和内部物质，如图 4-25 所示。

第 4 章　种植、养殖欢乐多

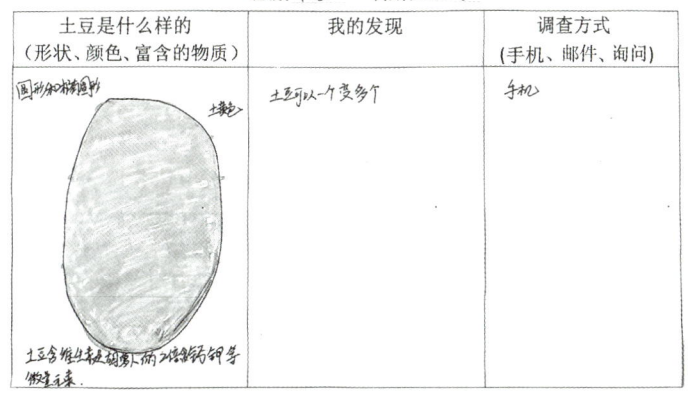

图 4-25　土豆的秘密

第 2 课　探秘土豆与淀粉

活动目标

1. 多方面了解土豆的特征，学会观察土豆及其根、茎、叶。

2. 了解土豆内部富含大量淀粉，并通过实验观察土豆内部的淀粉，懂得淀粉遇碘酒变蓝的科学原理。

课时安排

2 课时，50 分钟。

科学小探索

游戏活动 1：开展"碘酒遇淀粉变蓝"小实验

材料准备：土豆若干、碘酒、棉棒。

幼儿首先将土豆清洗后切片观察其内部结构，其次蘸取碘酒涂抹在土豆横切面上，最后观察其变化，如图 4-26 所示。在活动中，教师要引导幼儿仔细观察，懂得淀粉遇碘酒变蓝的科学原理。

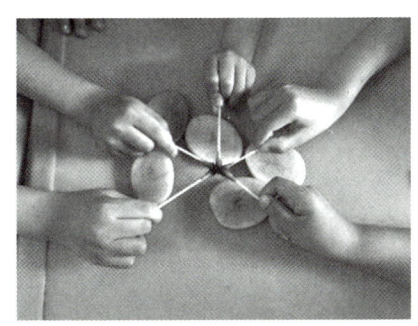

图 4-26　淀粉遇碘酒变蓝实验

设计方案

游戏活动 2：我是小小设计师

1. 教师发放提取淀粉流程图，见表 4-18。

表 4-18　提取淀粉流程图

我需要的工具	如何提取淀粉

2. 幼儿发现难点：淀粉存在土豆的肉里，应该如何获取呢？

幼儿分组讨论：

（1）如何更方便、快捷地提取淀粉？

（2）使用什么材料提取淀粉？

3. 提出解决方案：确定获取方法，确定获取工具，研讨具体方法，设计出提取流程图。

4. 教师帮助幼儿确定每个小组的人员分工。

游戏活动 3：分享设计图

设计完提取淀粉流程图，幼儿上台对自己设计的流程进行介绍，说一说从土豆中提取淀粉的想法，如图 4-27 所示。

1. 你想怎么提取土豆淀粉？

2. 土豆淀粉有哪些吃法？你准备用土豆淀粉做什么美食？

3. 教师建议幼儿可以将设计图带回去与家长讨论并完善，同时继续收集有关解决提取问题的办法，有什么方法可以又快又准确地提取大量淀粉。

图 4-27　分享提取淀粉流程

学习评价

教师就幼儿从土豆中提取淀粉的设计过程进行调查，对幼儿进行表现性评价，引导幼儿对自己和他人的表现进行评价，见表 4-19。

表 4-19 "探秘土豆与淀粉"环节评价表

评价内容	评价星级				教师评价	幼儿自评	幼儿互评
能够通过科学小实验验证土豆里面的白色粉末	☆	☆☆	☆☆☆	☆☆☆☆			
了解土豆淀粉的特点、提取方法	☆	☆☆	☆☆☆	☆☆☆☆			
能设计土豆淀粉的提取流程图，并根据需求进行人员分工	☆	☆☆	☆☆☆	☆☆☆☆			
知道提取淀粉的顺序与步骤，明确提取方案	☆	☆☆	☆☆☆	☆☆☆☆			
总评							

学习成果

幼儿通过设计提取淀粉流程图明确了淀粉提取的流程，小组成员探讨了人员分工与所需要的材料，如图 4-28 所示。

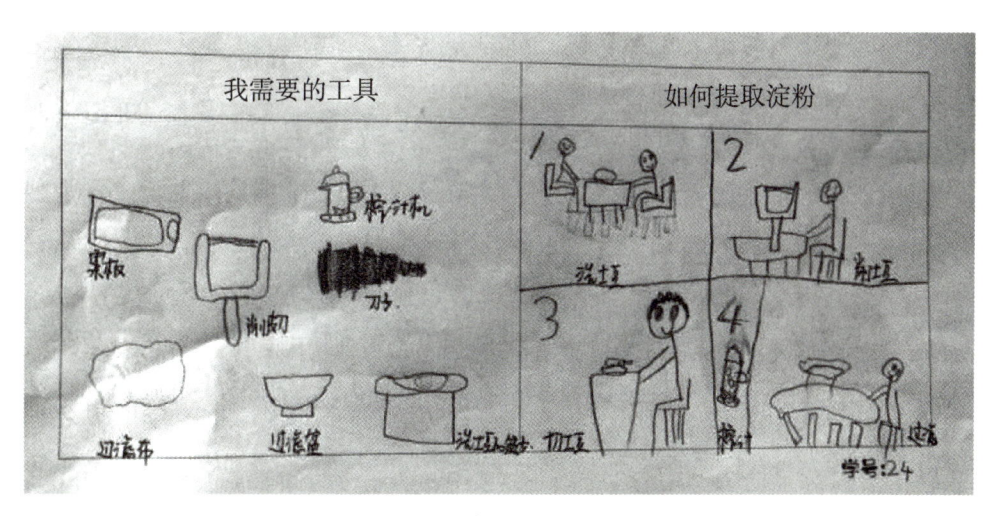

图 4-28 提取淀粉流程图

第3课 淀粉！哪里跑

活动目标

1. 幼儿能够动手提取淀粉，懂得淀粉不溶于水的科学原理。
2. 幼儿能使用简单的工具和材料，掌握切、擦、挤和过滤等技能，培养幼儿的动手操作能力。利用提取的淀粉制作各种美食，提高生活技能。

课时安排

2课时，50分钟。

材料选择

游戏活动1：提取土豆淀粉所需材料

1. 硬件材料要求：土豆若干。
2. 材料清单（材料数量根据分组数量确定）：洗菜盆、削皮刀、儿童刀具、绞肉机、榨汁机、过滤布、沉淀盆。
3. 幼儿通过交流、讨论分为六组：清洗组、削皮组、切块组、榨汁组、过滤组、观察组（考虑安全问题，在老师帮助下完成）。幼儿根据本组的任务，确定需要的材料和工具。
4. 教师巡视，与幼儿讨论各种材料的基本特性，指导各组获取合适的材料。

创意制作

游戏活动2：制作淀粉

小组合作，完成淀粉制作。

1. 清洗组：本小组的幼儿负责清洗掉土豆上的泥土，如图4-29所示。

图4-29 清洗土豆

2. 削皮组：本小组的幼儿负责将土豆削皮，避免过滤出来的淀粉里有杂质，如图4-30

所示。教师一定要提醒幼儿注意安全。

图 4-30　土豆削皮

3. 切块组：本小组的幼儿需要将土豆切成小块，如图 4-31 所示。教师一定要提醒幼儿注意安全。

图 4-31　土豆切块

4. 榨汁组：在教师的帮助下，将土豆块放入绞肉机中进行打碎，如图 4-32 所示。

图 4-32　土豆块榨汁

5. 过滤组：本小组的幼儿需要将较细的土豆泥倒入清水清洗，并且多次过滤出淀粉，将其沉淀，如图 4-33 所示。

图 4-33　土豆泥过滤

6. 观察组：在各组幼儿忙碌时，观察组的幼儿负责观察，并且用手中的画笔将所观察到的现象记录下来，如图 4-34 所示。

图 4-34　幼儿观察并记录

解决问题

游戏活动 3：我的发现及解决策略

在制作淀粉过程中，每个小组都发现了问题，并找到了解决策略（教师引导并提供必要的支持），见表 4-20。

表 4-20　小组在制作淀粉过程中发现的问题及解决策略

项目	发现的问题	解决策略
土豆清洗	土豆难以清洗干净	土豆表皮坑坑洼洼，用百洁布擦一擦，用手抠一抠
土豆削皮	削皮刀使用不熟练，戴手套有些影响操作	回家向妈妈请教削皮刀的使用诀窍，并进行练习
土豆切块	土豆块大小不一，不够均匀	进行二次切块和调整，多次练习，越来越熟练

第 4 章　种植、养殖欢乐多

（续）

项目	发现的问题	解决策略
土豆榨汁	绞肉机无法将土豆打碎，难以挤压	因为榨汁的材料太粗糙，于是榨汁组商议决定更换材料，将绞肉机更换为榨汁机。榨汁机能够将土豆打得更加细腻，有利于挤出淀粉
土豆渣过滤	纱布较难操作，容易将土豆渣挤到过滤盆里	组员进行商议之后，决定由两个组员分别负责纱布的两个角，一起进行挤压
现象记录	位置固定，有些小组的操作看不清楚	教师鼓励幼儿到各个小组中进行观察和记录

学习评价

教师对幼儿的交流、讨论情况，以及各组的完成情况等进行评价，并引导幼儿对自己和他人的表现进行评价，见表 4-21。

表 4-21　"淀粉！哪里跑"环节评价表

评价内容	评价星级				教师评价	幼儿自评	幼儿互评
各小组根据流程图分工完成任务，在提取过程中小组成员合作，任务分工明确，各司其职	☆	☆☆	☆☆☆	☆☆☆☆			
在遇到问题时，不轻易放弃，能充分讨论，创造性地提出解决问题的办法	☆	☆☆	☆☆☆	☆☆☆☆			
积极主动地进行小组间的学习与交流，根据学习对作品进行改进	☆	☆☆	☆☆☆	☆☆☆☆			
总评							

学习成果

各小组分别上台，展示、汇报了自己用土豆制作淀粉的经验和心得：各小组成员分别结合自己负责的部分进行了介绍（设计、材料、技术、问题等），如图 4-35 所示。

图 4-35　幼儿介绍制作淀粉的经验

第4课　土豆大变身

活动目标

1. 观察土豆淀粉在制作美食中的状态变化，了解土豆淀粉给人们的生活带来的便利。
2. 动手制作美食，激发幼儿的想象力，增强动手能力。
3. 品尝自己的劳动成果，并为之感到开心和自豪。

课时安排

2课时，50分钟。

评价与分享

游戏活动1：我是小美食家

幼儿将提取出的淀粉分装并做好标记，带回家制作成美食与其他幼儿进行分享，见表4-22。

表4-22　分享土豆淀粉美食及其制作方法

美食	我的分享	具体步骤	美食特点及功效
美味煎薯条		1. 将土豆洗净切条，并倒入土豆淀粉抓拌均匀，加入适量的盐 2. 将电饼铛预热加入油，油热后倒入薯条，耐心等待，香喷喷的薯条就做好了	特点：土豆淀粉让薯条更加香脆可口，表面金黄诱人，口感好 功效：含有一定的维生素，增加饱腹感
西红柿鸡蛋汤		1. 将西红柿洗净切块，并将鸡蛋打入碗中，搅拌打散。锅中油热倒入西红柿翻炒均匀，加入开水，水开后倒入鸡蛋 2. 将土豆淀粉放入碗中搅散，锅开后倒入土豆淀粉搅拌均匀出锅装盘，好喝的西红柿鸡蛋汤就完成啦	特点：浓稠美味，口感酸甜，营养丰富 功效：具有开胃功效，且富含茄红素
土豆"藕"粉		1. 先将碗中倒入适量的土豆淀粉，然后加入一点凉白开水搅拌均匀 2. 水开后倒入搅拌好的土豆淀粉中，边倒边搅。慢慢地，土豆淀粉就会变成透明的糊状，就像藕粉一样，加入适量的蜂蜜就可以食用了	特点：半透明胶糊状，细腻滑润，芳香甜醇 功效：易于消化，生津清热，适用于婴孩
水晶蒸饺		1. 将西红柿洗净切成小块备用，锅内加油，倒入搅散的鸡蛋翻炒均匀，晾凉后倒入西红柿内，再加入适量调味品 2. 将土豆淀粉和面粉按照比例搅拌均匀后倒入开水，揉成面团 3. 饺子包好后，水开上锅蒸15分钟后出锅	特点：晶莹剔透，馅料丰富，口感脆弹 功效：饱腹感较强，富含蛋白质，补充维生素

美食推介会

游戏活动 2：玩一玩，品一品

幼儿将自己制作美食的过程和成果在活动室进行分享，并进行投票选出色香味俱全的土豆淀粉美食。

学习评价

教师对幼儿的交流、讨论情况，以及美食制作情况等进行评价，并引导幼儿对自己和他人的表现进行评价，见表 4-23。

表 4-23 "土豆大变身"环节评价表

评价内容	评价星级				教师评价	幼儿自评	幼儿互评
动手、动脑进行美食制作，并观察土豆淀粉由粉状到糊状、液态、固态的多种变化	☆	☆☆	☆☆☆	☆☆☆☆			
在制作过程中，能够寻求家人的帮助，积极面对各种情况	☆	☆☆	☆☆☆	☆☆☆☆			
积极参加美食制作，积累生活经验，体会制作美食带来的快乐	☆	☆☆	☆☆☆	☆☆☆☆			
总评							

学习成果

幼儿能够自己动手、动脑进行美食制作，并且能够在班级中大胆分享，进行拉票。幼儿能细心观察淀粉的不同形态，感受物体变化的神奇。幼儿展示的美食如图 4-36 所示。

图 4-36 幼儿展示的美食

专家点评及教学建议

点评专家：合肥市瑶海区教育体育局　光善慧

一、整体评价

"呀！土豆"是由幼儿和教师共同探索而引发的课程，起源于幼儿一次土豆收获的分享。幼儿的分享也让教师走进小菜园进行观察，发现了土豆的果实其实是另有其"物"，由此共同开启了一段土豆探索之旅。在活动开始前，教师善于抓住幼儿的兴趣点，并且能够及时回应幼儿的分享。在活动中，教师对多个领域进行了有机整合，不仅有淀粉遇碘酒变蓝的科学原理，还能将淀粉从抽象化变成具象化，让幼儿的兴趣有落脚点，让幼儿能够通过实际操作"抓住"淀粉、研究淀粉、使用淀粉。幼儿能通过观察、分析和感知来研究土豆各部分的特点，了解土豆的特性和生长特点。幼儿在设计、尝试、操作的过程中获得了各种经验，为以后的学习和生活积累了大量经验。

本项目亮点多，调查环节，能引导幼儿观察土豆的根、茎、叶及土豆内部的组成；实验环节，让幼儿蘸取碘酒涂抹在土豆横切面上，观察其变化，通过摸、闻等方式了解土豆的外部特征，发现淀粉存在于土豆肉里，使幼儿对土豆形成了系统的认识，为后面的提取做了科学铺垫；设计环节，教师邀请亲子共同解决问题，培养幼儿的设计思维和解决问题的能力；制作环节，通过幼儿使用简单的工具和材料，掌握切、擦、挤和过滤等技能，培养幼儿的动手操作能力；特别是最后，教师让幼儿将提取出的淀粉分装并做好标记，并带回家制作成美食与其他幼儿进行分享，让幼儿享受成功的喜悦，懂得劳动的不易，让幼儿学会珍惜生活。

二、教学建议

1. 关注幼儿探索兴趣的持续发展，让幼儿的兴趣都能有"落脚点"。

在整个活动进程中，从观察到操作都有相对应的实物支持，但是在了解土豆的生长发育进程和生长特点时，缺乏实际经验的支持。在今后的活动中，建议教师挑选适宜的时间，和孩子们一起见证土豆的生长，通过自己培育、观察和细心养护，能够让孩子们的兴趣持续发展，让抽象的知识转换成具体形象的经历。

2. 关注幼儿思维发展、鼓励幼儿多尝试，培养创新能力。

明确淀粉的提取需要什么样的材料，整个提取流程是怎么样的，提取后的淀粉在日常生活中有什么具体作用，同时老师也需要引导孩子们参与调查和创新，思考土豆淀粉还可以做什么样的美食。孩子们围绕这个问题进行多种创新、多种尝试，感受土豆淀粉给生活带来的便利。

3. 安全建议。在使用儿童刀具和绞肉机时，教师要在旁边辅助幼儿做好安全操作；同时在过滤土豆汁时，教师要提醒幼儿不要将土豆汁溅到身上。

4.4　课例14：黄豆大变身

课例提供：中国科学技术大学幼儿园　张碧婷、曹兰孝
课例指导：中国科学技术大学幼儿园　张丹虹

项目导入

《3—6岁儿童学习与发展指南》指出，幼儿的科学学习是在探究具体事物和解决实际问题中，尝试发现事物间的异同和联系的过程。我们也要关注幼儿学习与发展的整体性，要注重领域之间、目标之间的相互渗透和整合。幼儿在对自然事物的探究和解决实际生活问题的过程中，不仅获得丰富的感性经验，充分发展形象思维，而且能尝试归类、排序、判断、推理，逐步发展逻辑思维能力，为深入学习奠定基础。

在一次区域活动中，孩子们围看《大豆！变身！》的绘本并产生了激烈的讨论，一名幼儿提出："黄豆还可以变身成什么呢？"引起其他幼儿的积极讨论："黄豆是怎么变成豆腐的呢？除了豆腐还能变成什么呢？"一个关于黄豆的故事开始了……

项目目标

★科学（S）
通过查找相关资料，知道黄豆可以变成粉末、液体，再凝固成固体。

★技术（T）
能用绘画的方式绘制记录表，与同伴共同完成"黄豆大变身"系列项目，敢于表达想法。

★工程（E）
了解黄豆与水配比、过滤、沉淀、搅拌等原理及操作方法。

★数学（M）
能够了解自然数的概念：大小比较和基本术语并进行简单的数学运算。

教学流程

"黄豆大变身"教学流程如图 4-37 所示。

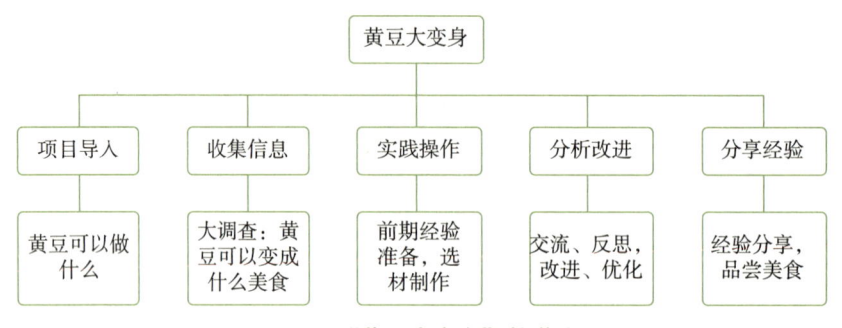

图 4-37 "黄豆大变身"教学流程

第 1 课　黄豆变身大调查

活动目标

1. 了解小黄豆的"七十二变",知道黄豆的不同变身所用的制作工具也不同。
2. 能通过调查,大胆说出自己生活中常见的黄豆美食。

课时安排

2 课时,50 分钟。

提出问题

游戏活动 1：发散思维

1. 阅读绘本引起兴趣,导入活动。

（1）教师捕捉幼儿对绘本中黄豆变身的疑问和思考,引导幼儿关注黄豆变身的现象,激发幼儿的好奇心与探究黄豆的兴趣。

（2）幼儿在观察中发现并提出关键性的问题：黄豆能制作什么？需要用什么工具？怎么从黄豆变成其他形态？

（3）教师根据幼儿提出的问题,引发幼儿进一步思考：黄豆变身的步骤是什么呢？黄豆变身要用生黄豆还是熟黄豆？是煮黄豆还是炒黄豆？我们要用什么工具制作？

2. 师幼再次讨论,幼儿通过协商,一致认为,要想弄清楚问题,就要多收集书本及网络资源进行深入了解。

游戏活动 2：探究黄豆美食

1. 教师邀请孩子们来品尝黄豆美食,让孩子们说一说黄豆美食的味道,猜测一颗颗硬

第 4 章　种植、养殖欢乐多

硬的黄豆是如何制作成美食的。孩子们畅所欲言。黄豆变身如图 4-38 所示。

a）黄豆粉　　　　　b）豆浆　　　　　c）豆渣　　　　　d）豆腐

图 4-38　黄豆变身

2. 幼儿观察黄豆，根据在绘本中收集到的信息，小组内讨论，确定在黄豆美食制作中需要用到的工具。

（1）制作黄豆粉首先要用炒熟的黄豆，幼儿可以在家中找一找比较安全的、可以用的小锅，用它来炒黄豆、煮黄豆。炒熟的黄豆需要剥壳，然后用石臼研磨黄豆，再将黄豆碎放在大的漏网中过筛，如果还有大的颗粒，幼儿可以再研磨，再过筛，把黄豆变成粉末。

（2）制作豆浆需要泡黄豆，黄豆泡在水里会变大，幼儿可以用豆浆机（石臼）将黄豆变成豆浆。

收集信息

游戏活动 3：亲子调查

1. 师幼商讨：确定黄豆美食调查内容，发放黄豆美食调查表，见表 4-24。
2. 教师建议幼儿与家长一起观察生活中的各种黄豆美食，鼓励亲子运用多种方式完成调查（教师适当引导：如手机、电脑、信息技术的支持，去菜市场、超市等地做调查询问）。
3. 家长与幼儿共同查阅黄豆美食的相关资料，感知黄豆形态上的变化，共同完成调查表并学会留存调查资料，照片、音视频均可。

表 4-24　黄豆美食调查表

姓名：_____　　班级：_____　　时间：_____

调查时间	调查方式	调查对象	黄豆变身				协同人员
			黄豆美食名称	制作工具	辅助材料	制作步骤	

游戏活动 4：调查分享

教师请幼儿分享自己的黄豆美食调查内容，并进行集体讨论，如图 4-39 所示。

图 4-39　幼儿分享黄豆美食调查结果

学习评价

教师对幼儿的讨论情况及黄豆美食制作经验调查完成情况等进行评价，并引导幼儿对自己和他人的表现进行评价，见表 4-25。

表 4-25　"黄豆变身大调查"环节评价表

评价内容	评价星级				教师评价	幼儿自评	幼儿互评
了解生活中制作黄豆美食的方法及步骤	☆	☆☆	☆☆☆	☆☆☆☆			
了解生活中制作黄豆美食使用的工具	☆	☆☆	☆☆☆	☆☆☆☆			
主动调查制作黄豆美食的相关资料，并能在班级中进行分享	☆	☆☆	☆☆☆	☆☆☆☆			
对探索黄豆美食充满兴趣，积极参与活动	☆	☆☆	☆☆☆	☆☆☆☆			
总评							

学习成果

通过合作，小组汇总调查情况。幼儿梳理对于黄豆美食的调查经验并分类记录下来（美食的名称、制作工具、辅助材料、操作步骤等），如图 4-40 所示。

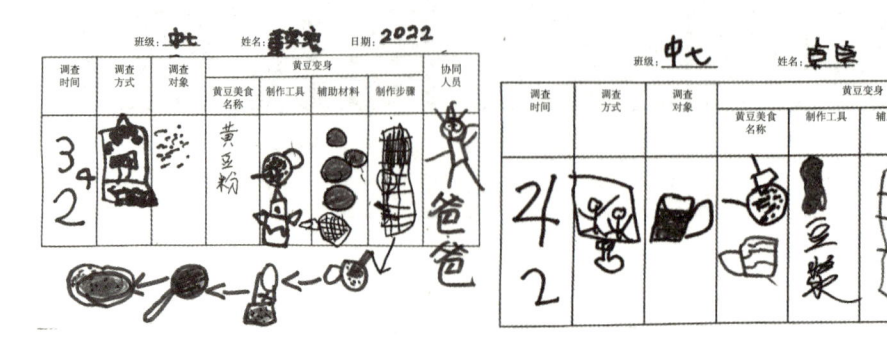

图 4-40　黄豆美食的调查成果

第 2 课　我设计的黄豆变身

活动目标

1. 能够了解自然数的概念：大小比较和基本术语并进行简单的数学运算。
2. 能绘制记录表，与同伴共同完成"黄豆大变身"系列项目，敢于表达想法。

课时安排

1 课时，25 分钟。

科学小探索

游戏活动 1：黄豆如何变身

1. 幼儿分组，合作并思考黄豆变身的问题，发现难点。
（1）如何将黄豆研磨成粉末并且使颗粒更加细小？手动研磨与机器研磨哪个效率更高呢？
（2）想要泡发黄豆该怎么计算水和黄豆的比例？
（3）可以用生活中的哪些物品当作制作豆腐的模具呢？
2. 请教老师和家长，得出新问题。
（1）利用工具挤、压、捶、打，能将黄豆变成粉末吗？
（2）1 杯黄豆需要 3 杯水才能泡发，那么 3 杯黄豆需要几杯水才能泡发呢？
（3）压豆腐用什么材料呢？我们可以制作什么样的模具呢？
3. 提出解决方案。
（1）设计研磨黄豆粉的记录表，对比研磨时长、过滤次数、形态。
（2）设计水与黄豆配比记录表，根据此表进行操作。
（3）绘制豆腐设计图，确定所需的材料。

设计方案

游戏活动 2：设计变身方案

再次研讨，优化设计方案。

教师巡回指导，帮助幼儿确定记录表的内容。教师给予及时支持，最终定稿，引导幼儿根据自己的能力以及兴趣进行小组分工。

"黄豆美食系列——黄豆粉研磨大比拼"，见表 4-26。

表 4-26　黄豆粉研磨大比拼

班级：_____　日期：_____　记录人：_____

方式	时长	过滤次数	形态	星级
手动研磨				
机器研磨				

"黄豆美食系列——泡发黄豆配比表"，见表 4-27。

表 4-27　泡发黄豆配比表

班级：_____　日期：_____　记录人：_____

次数	黄豆	水
第一次		
第二次		
第三次		
总计		

"黄豆美食系列——豆腐设计图"，见表 4-28。

表 4-28　豆腐设计图

班级：_____　日期：_____　记录人：_____

我设计的豆腐：
所需的材料及模具：
制作顺序：

游戏活动 3：分享记录表

完成记录表后，小组成员介绍记录表的内容，如图 4-41 所示。

图 4-41　黄豆粉研磨大比拼设计方案

1. 介绍本组设计的黄豆变身方案表及所选用表格的用途。
2. 介绍本组准备怎么做，怎么记录及记录的原因。

3. 介绍本组准备的材料及选择它的原因。

学习评价

教师对幼儿探究如何设计各种黄豆变身方案、动手参与程度等进行评价，并引导幼儿对自己与他人进行评价，见表 4-29。

表 4-29 "我设计的黄豆变身"环节评价表

评价内容	评价星级				教师评价	幼儿自评	幼儿互评
了解记录表的功能及怎么设置记录表	☆	☆☆	☆☆☆	☆☆☆☆			
了解水和黄豆的比例，能用记录的方式确定所需的材料	☆	☆☆	☆☆☆	☆☆☆☆			
探索研磨时长、过滤次数、形态并进行对比	☆	☆☆	☆☆☆	☆☆☆☆			
能发现问题并在此基础上进行合理的调整	☆	☆☆	☆☆☆	☆☆☆☆			
总评							

学习成果

幼儿通过设计探究和分组，在动手制作中发现问题，设计思维得到了培养。黄豆大变身各类表格设计成果如图 4-42 所示。

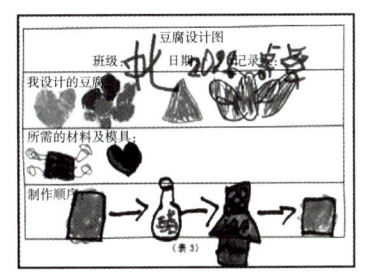

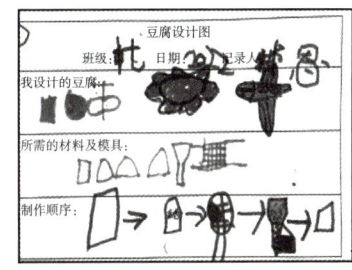

图 4-42 黄豆大变身各类表格设计成果

第 3 课 制作黄豆美食

活动目标

1. 能通过实验、记录、制作等多种方式，从科学、技术、工程等多维度综合解决问题。
2. 能在项目探究过程中不断发现问题，依据问题进行多次、使用多种方法调整改进，并能总结经验，成功实施改进方案，最终优化项目成果。

课时安排

2课时，50分钟。

材料选择

游戏活动1：选择所需材料

1. 制作黄豆粉所需材料：研磨机、石臼、大漏网、小漏网、大碗、小碗、勺子。
2. 制作豆浆所需材料：小锅、榨汁机、大碗、小碗、勺子。
3. 制作豆腐所需材料：小锅、白醋、纱布、纸杯、长方形纸盒、三角形塑料盒、勺子。

创意制作

游戏活动2：开始黄豆变身

小组合作，完成项目。

1. 幼儿回顾黄豆变身的制作步骤，确定黄豆变身的制作步骤和顺序。
2. 讨论问题：如何研磨黄豆，使黄豆粉更细腻？如何过滤豆浆？制作豆腐需要做哪些事情？根据每个成员的特点，做好分工。
3. 突破难点：小组确定黄豆变身使用的工具，并能安全、正确地操作。
4. 各小组依据记录表，利用收集到的材料，合作制作。
5. 幼儿制作，教师巡回指导。

解决问题

游戏活动3：我来验证

通过亲自动手验证黄豆大变身，每个小组发现了问题，并找到了解决策略（教师引导并提供必要的支持），见表4-30。

表4-30 小组在黄豆大变身的验证过程中发现的问题及解决策略

制作项目	发现的问题	解决策略
制作黄豆粉	手动研磨黄豆颗粒较大，研磨时间较久。机器研磨，机器易发热	手动研磨多次过筛，幼儿合作进行。机器研磨，少时、多次，点按操作

第 4 章　种植、养殖欢乐多

（续）

制作项目	发现的问题	解决策略
制作豆浆	黄豆未泡发，煮豆浆糊锅，豆浆量不多	提前泡发黄豆，在煮豆浆时，多次搅拌。为了制作更加科学，加入定时器和电子秤，通过实践了解一杯黄豆能制作多少克豆浆
制作豆腐	在压豆腐时容易溢出，豆腐不易成型	更换较大模具或少量多次倒入豆花，增加压豆腐的重物，增大压力

学习评价

教师对幼儿的制作情况、完成情况等进行评价，并引导幼儿对自己和他人的表现进行评价，见表 4-31。

表 4-31 "制作黄豆美食"环节评价表

评价内容	评价星级				教师评价	幼儿自评	幼儿互评
了解怎么制作黄豆粉、豆浆、豆腐，确定黄豆变身制作的步骤和顺序	☆	☆☆	☆☆☆	☆☆☆☆			
确定黄豆变身使用的工具，并能安全、正确地操作	☆	☆☆	☆☆☆	☆☆☆☆			
能依据记录表，利用收集到的材料，合作制作	☆	☆☆	☆☆☆	☆☆☆☆			
能发现问题，并在此基础上进行合理调整	☆	☆☆	☆☆☆	☆☆☆☆			
总评							

学习成果

幼儿通过实验，在动手制作中了解了黄豆变身的制作步骤和顺序，确定了使用工具，并能安全、正确地操作。幼儿能依据记录表，利用收集到的材料，合作制作。幼儿能对本组项目活动进行合理的自我评价，并依据同伴和老师的意见进行调整，优化项目方案，如图 4-43 所示。

图 4-43　幼儿分组进行黄豆变身制作的过程

第 4 课　展示我的风采

活动目标

1. 能依据设计方案，思路清晰地向他人介绍本组的项目探究过程，完整、流畅地解说项目成果。
2. 能在展示分享中准确地说出项目包含的相关科学原理和应用经验。

课时安排

1 课时，25 分钟。

评价与分享

游戏活动 1：分享我的黄豆大变身

三个小组分别上台展示并汇报。

1. 幼儿展示黄豆大变身成果并进行验证，见表 4-32。
2. 各小组成员分别根据自己负责的部分进行介绍（设计、材料、技术、问题等），并进行简单的操作演示（黄豆研磨成粉，进行品尝，品尝过滤前后的豆浆，品尝不同形状的豆腐等）。
3. 教师对幼儿进行有效提问：在制作过程中遇到了哪些困难？是如何解决的？有什么新的发现？

表 4-32 黄豆大变身成果展示

小组	材料	黄豆大变身成果	成果特点及吃法
制作黄豆粉组	研磨机、石臼、大漏网、小漏网、大碗、小碗、勺子		大颗的黄豆变成粉末状的黄豆粉，吃起来像面粉一样香香的，可搭配面包、奶油、牛奶或糍粑作为甜点
制作豆浆组	小锅、榨汁机、大碗、小碗、勺子		大颗的黄豆由固体变成液体的豆浆，无须咀嚼，可搭配油条、鸡蛋作为早餐
制作豆腐组	小锅、白醋、纱布、纸杯、长方形纸盒、三角形塑料盒、勺子		大颗的黄豆变成液体，经过煮沸、凝固成固体的豆腐，吃起来软软的，可以凉拌、蒸煮作为家常菜

品尝美食

游戏活动 2：做一做，品一品

1. 幼儿将制作出来的黄豆食物原料和家长一起制作成美食，邀请其他幼儿品尝，并进行评比：谁的美食更美味。

2. 通过品尝美食、推荐美食等活动，让幼儿体验到劳动的快乐，懂得"谁知盘中餐，粒粒皆辛苦"的深刻含义。

学习评价

幼儿以小组或个人的形式在班级里进行黄豆变身的成果展示与交流，教师将幼儿的设计图与制作的成品一起进行展示，根据幼儿展示、讨论的结果对幼儿进行评价，并引导幼儿对自己和他人的表现进行评价，见表 4-33。

表 4-33 "展示我的风采"环节评价表

评价内容	评价星级				教师评价	幼儿自评	幼儿互评
能在展示分享中准确地说出项目包含的相关科学原理和应用经验	☆	☆☆	☆☆☆	☆☆☆☆			
能对本组项目活动进行合理的自我评价,并根据同伴和老师的意见进行调整,优化项目方案	☆	☆☆	☆☆☆	☆☆☆☆			
能通过实验、记录、制作等多种方式,从科学、技术、工程等多维度综合解决问题	☆	☆☆	☆☆☆	☆☆☆☆			
对项目活动保持学习和参与热情,专注度高	☆	☆☆	☆☆☆	☆☆☆☆			
总评							

学习成果

在班级中,小组成员分别根据黄豆变身的制作过程进行了分享,并且各小组相互品尝了制作的美食。针对评价内容,小组成员总结了经验,还提出了想要回家继续与爸爸、妈妈一起做美食,如图 4-44 所示。

图 4-44 各组展示美食

专家点评及教学建议

点评专家:中国科学技术大学幼儿园 张丹虹

一、整体评价

本次项目活动来源于幼儿感兴趣的生活认知内容,是由幼儿自主发起、自主推进的。

一本带着奇妙色彩的绘本，开启了幼儿对黄豆的探索之旅。以驱动性问题为导向，幼儿围绕黄豆美食调查、黄豆的"三状"、黄豆的变身方式等内容生成了一系列探索。在活动中，幼儿不仅能在自主查阅和亲子调查并行的过程中，丰富了对黄豆的变化的认知，还在自主实验、对比观察、表征记录的过程中进一步探索了黄豆的"七十二变"。针对幼儿平时不常亲身接触的实验内容，教师能充分尊重幼儿的意愿，放手让幼儿自主探索、体验，满足幼儿的兴趣和需要，让幼儿真感知、真探究。本次项目活动依托绘本，又在绘本的已有内容上有了新的拓展，黄豆的变身也是幼儿思维的智慧闪现。幼儿在此过程中养成了乐于思考、敢于探究的学习品质，综合素养得到了进一步提升。

二、教学建议

1. 幼儿在探索黄豆变身时，有了很多的新尝试，同时在不同阶段也存在着问题或困惑。在活动中，教师需帮助幼儿梳理发现的问题，提炼关键经验，记录并解决问题，为后续项目活动的推进提供更加扎实的经验基础。

2. 教师在开展活动时，要围绕不同课时的重点探索点和核心内容展开。

3. 安全建议：在幼儿使用研磨工具和相关电器时，教师要做好辅助工作，并提醒幼儿注意安全。同时，考虑到食用的需求，教师要提醒幼儿操作时要进一步做好卫生防护，以保证食品安全。

4.5 课例15：种子生长记

课例提供： 临沂市蒙阴县第一实验小学商城幼儿园　刘晓、石晓侠
课例指导： 临沂市蒙阴县教育和体育局　公艾青

项目导入

《幼儿园教育指导纲要（试行）》中指出，幼儿园应为幼儿提供健康、丰富的生活和活动环境，满足他们多方面发展的需要，使他们在快乐的童年生活中获得有益于身心发展的经验。教育活动内容的组织应充分考虑幼儿的学习特点和认识规律，各领域的内容要有机联系，相互渗透，注重综合性、趣味性、活动性，寓教育于生活、游戏之中。教育活动的组织形式应根据需要合理安排，因时、因地、因内容、因材料灵活地运用。

春天的户外活动，孩子们格外开心，在运动场地、草坪上随处可见孩子们奔跑的身影。"老师，快来，快来……"孩子的叫声一声比一声急促，我急忙跑过去。"看，看，我发现了一粒种子。"原来是孩子发现了一粒小种子。"老师，这是不是你给我们讲的绘本故事《一粒种子》里小鸡贝贝的那粒谷子？""我觉得不是，这粒种子大。""它是哪里来的？"……

不等我说话，孩子就叽叽喳喳地讨论起来，这粒小种子引起了孩子们非常大的兴趣。根据孩子们的兴趣，我们将这粒种子带回了活动室。

项目目标

★**科学（S）**

1.查找种子的相关资料，了解种子的生长过程，尝试栽种植株、搭建攀爬架等，培养幼儿的科学意识和思维及创造性地解决问题的能力。

2.适当选用材料工具。

★**技术（T）**

通过查阅相关种植资料，尝试掌握种植技能。掌握播种和搭建攀爬架技术。

★**工程（E）**

能绘制植株攀爬架设计图（包含所需材料、外观等），并能按照设计图进行搭建。学会解决问题，培养幼儿的工程思维与整合信息的能力。

★数学（M）

在搭建过程中，对攀爬架的数、量、形、空间关系等进行探究，能运用数学思维解决问题。适当把握材料应用的多少，不浪费；培养幼儿的逻辑思维能力与空间想象能力。

◆ 教学流程

"种子生长记"教学流程如图 4-45 所示。

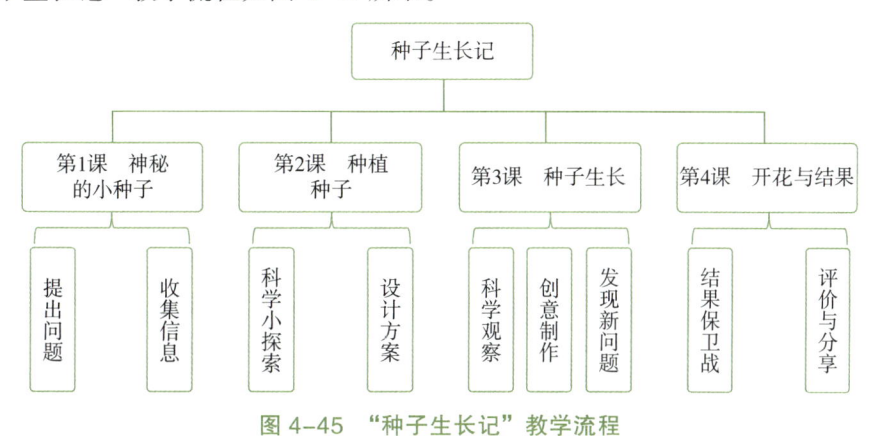

图 4-45 "种子生长记"教学流程

第 1 课　神秘的小种子

◆ 活动目标

1. 激发兴趣：通过观察种子的外观、形状和颜色，激发幼儿对自然科学的兴趣和求知欲。

2. 培养观察能力：引导幼儿仔细观察种子的特征，学会区分不同种类的种子，培养细致观察的能力。

3. 合作与沟通：鼓励幼儿在观察、讨论和分享过程中学会合作与沟通，培养团队协作精神。

4. 培养探究精神：通过调查、研究培养幼儿的探究精神。

◆ 课时安排

2 课时，50 分钟。

◆ 提出问题

游戏活动 1：看一看，提问题

由于这粒小种子的出现瞬间吸引了很多孩子，结合前期"午睡故事"里《一粒种子》

的故事，老师出示不同类型的种子的照片，引发孩子们提出好多问题：

（1）它是不是谷子？

（2）它是怎么出现在我们幼儿园的呢？

（3）我们应该怎么处理它呢？

收集信息

游戏活动 2：亲子调查

教师鼓励亲子共同完成调查，运用多种方式（教师适当引导：网络搜索、手机查询、访问相关人员、科技馆实地考察等），进一步感知种子的基本结构、特点。

1. 教师根据幼儿的问题，引发幼儿观察讨论：种子的颜色、形状，如图 4-46 所示。

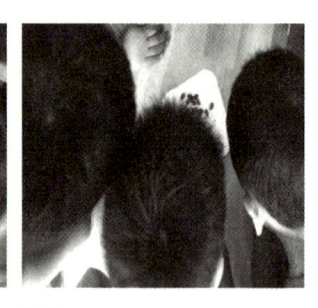

图 4-46　观察讨论种子的颜色、形状

2. 幼儿通过谈论，猜想它会是什么植物的种子，能种出什么来。

"你看它是浅黄色的。""有点扁，那它会是什么植物的种子呢？"

3. 幼儿通过调查，记录种子的真实身份。

看到孩子们的兴致只增不减，我们开始了神秘种子观察对比记录，首先让孩子们在种子观察记录表上记录了种子的颜色、形状，然后开始猜想它会是什么植物的种子。根据孩子们的猜想，我们开始在多媒体上找出对应的种子，不时地在调查表中画 ×，最后我们发现它是西红柿的小种子，见表 4-34。

表 4-34　种子调查记录表

日期：＿＿年＿＿月＿＿日　班级：＿＿＿＿＿　姓名：＿＿＿＿＿

调查主题：小种子你是谁	
小种子的样子（绘画）	
我猜它会是谁 （绘画）	我猜它会是谁 （绘画）

（续）

调查主题：小种子你是谁
我猜它会是谁 （绘画）
种子大揭秘（绘画）

游戏活动 3：调查分享

教师请幼儿介绍自己的调查内容，并进行集体讨论。

孩子们通过观察、记录、猜想、调查，一步步地揭开了小种子的真实面目。"西红柿种子是哪里来的呢？"孩子们讨论了起来。"是小鸟叼过来的吧？""不对，我是在门卫室爷爷门口发现的，我们去问问。"孩子们兴奋地拿着种子找到了门卫室爷爷。原来真的是爷爷带来的，爷爷告诉孩子们，今天早上爷爷在自己家的菜园子里种了西红柿，还剩了一些种子，于是就随手装进了口袋里，这粒小种子应该是不小心掉出来的。孩子们得到了答案都很兴奋，如图 4-47 所示。

图 4-47 孩子们向门卫室爷爷请教

学习评价

教师对幼儿的交流、讨论情况，以及调查完成情况等进行评价，并引导幼儿对自己和他人的表现进行评价，见表 4-35。

表 4-35 "神秘的小种子"环节评价表

评价内容	评价星级				教师评价	幼儿自评	幼儿互评
了解生活中常见的种子的种类和种子的作用	☆	☆☆	☆☆☆	☆☆☆☆			
主动调查种子的相关资料，并能在班级中进行分享	☆	☆☆	☆☆☆	☆☆☆☆			
能与成员合作，共同完成任务	☆	☆☆	☆☆☆	☆☆☆☆			
对种子的探究充满兴趣，积极参与活动	☆	☆☆	☆☆☆	☆☆☆☆			
总评							

学习成果

幼儿通过调查，了解了生活中常见的部分种子的种类，知道了种子的基本作用，如图 4-48 所示。

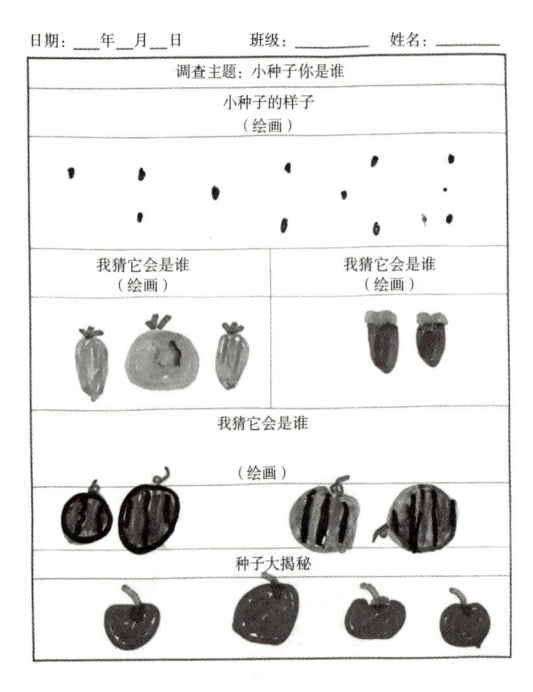

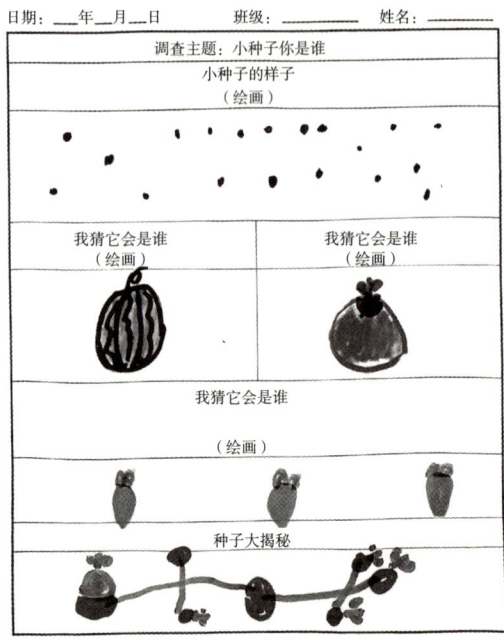

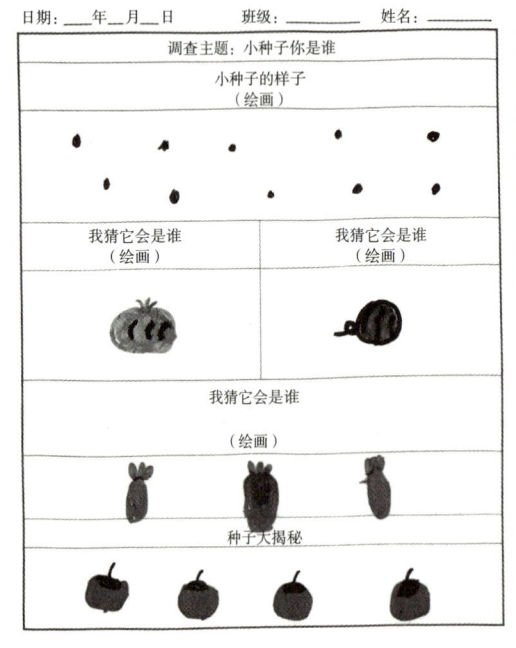

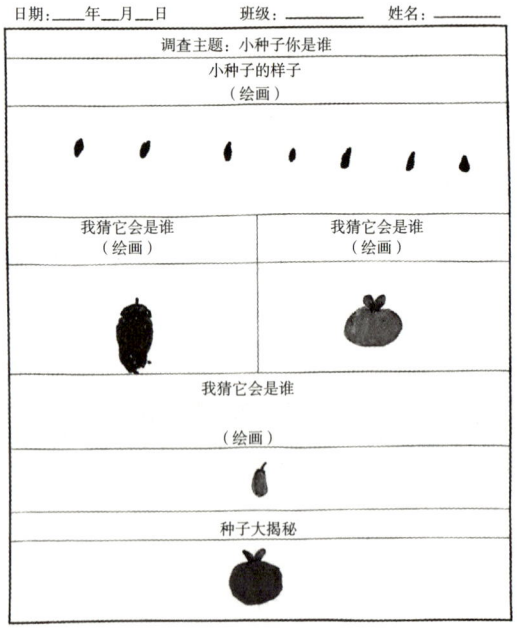

图 4-48 种子调查表

第 2 课　种植种子

活动目标

种植种子的目标是希望通过实际种植活动，培养幼儿的生活技能、环保意识、观察能力、动手能力、合作精神和探究精神。

1. 培养生活技能：教会幼儿如何种植、浇水、施肥等基本园艺技能，培养他们的生活自理能力。

2. 锻炼观察能力：引导幼儿观察植物在生长过程中的变化，培养他们的观察能力和对自然界的敏感度。

3. 提高动手能力：让幼儿参与种植、浇水、施肥等园艺活动，提高他们的动手能力和实践能力。

课时安排

2 课时，50 分钟。

科学小探索

游戏活动 1：分组探索游戏

幼儿根据兴趣分组，选择不同的种子，如绿豆、黄豆种子等进行实验，测试什么是"种子"，种子的特点是什么，如图 4-49 所示。

1. 幼儿选择自己想种的种子，准备种子、土壤、播种、浇水工具。
2. 幼儿请教家长、老师、农民伯伯等，懂得如何亲手种植种子。
3. 幼儿观察和记录植物的生长情况。
4. 幼儿经过一周的观察，发现种子可以发芽。

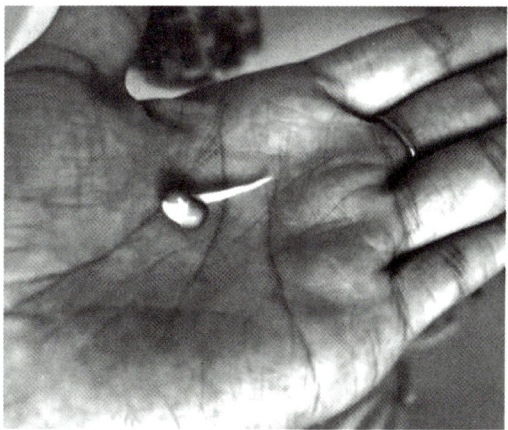

图 4-49　种子可以发芽

设计方案

游戏活动 2：我设计的种植方案

通过调查了解植物生长的必要条件，教师引导幼儿根据调查的信息和步骤设计本组种植种子的方案，含地点选择、时间节点、土壤条件等。

幼儿根据讨论，制定出了种子生长记录方案和种子种植工具方案，见表 4-36、表 4-37。

表 4-36 种子生长记录方案

日期		天气		记录人	
种子生长的必要条件	阳光	土壤	除草、捉虫	施肥	浇水
	✓	✓	✓	✓	✓
我的发现					

表 4-37 种子种植工具方案

日期		天气		记录人	
种子种植需要的工具	小锄头	洒水壶	太阳帽	小铲子	水桶
	✓	✓	✓	✓	✓
我的发现					

第 4 章 种植、养殖欢乐多 213

幼儿通过调查清楚了种子生长的必要条件，并有了一个清晰的种植流程。幼儿了解的种植技术流程，如图 4-50 所示。

图 4-50 种植技术流程

（挖坑、放入种子 → 施肥、浇水 → 埋土、记录）

游戏活动 3：我种植，我快乐

幼儿根据收集的信息和实践经验，依据种植方案，选择了西红柿种子进行栽培，如图 4-51 所示。

a）整地、作畦　　b）浇水　　c）施肥　　d）播种

图 4-51 快乐播种

学习评价

教师对幼儿的交流、讨论情况，以及调查完成情况等进行评价，并引导幼儿对自己和他人的表现进行评价，见表 4-38。

表 4-38 "种植种子"环节评价表

评价内容	评价星级				教师评价	幼儿自评	幼儿互评
种植、浇水、施肥等技能掌握程度	☆	☆☆	☆☆☆	☆☆☆☆			
主动调查种子生长条件和生长工具的相关资料，并能在班级中进行分享	☆	☆☆	☆☆☆	☆☆☆☆			
能与小组成员合作，共同完成任务	☆	☆☆	☆☆☆	☆☆☆☆			
对种子的探究充满兴趣，积极参与活动	☆	☆☆	☆☆☆	☆☆☆☆			
总评								

学习成果

在保安爷爷和教师的帮助下，幼儿经过了提水、播种等一系列的活动实践，完成了种子的种植。幼儿记录了有意义的活动过程及自己畅想种子发芽的样子，如图 4-52 所示。

图 4-52 种植记录

第 3 课　种子生长

活动目标

1. 合作与沟通：引导幼儿在搭建过程中学会与他人合作，培养团队协作精神。

2. 培养探究精神：引导幼儿在搭建过程中发现问题并思考解决方案，培养他们的探究精神和批判性思维。

3. 增强自信心：让幼儿在搭建过程中体验成功和挑战，培养他们的自信心和应对困难的能力。

课时安排

2 课时，50 分钟。

科学观察

游戏活动 1："比比谁高"，测量植株

孩子们根据种子的生长过程发现种子的出土、生长速度不一样，通过测量发现长得快的枝干站不直，如何帮助植物的枝干站直（固定）呢？于是，孩子们开始了一场"比比谁高"的测量活动，如图 4-53 所示。

a）用手测量　　　　b）用麻绳测量　　　　c）高度对比

图 4-53 "比比谁高"测量活动

幼儿通过观察，用绘画的方式对"植物生长测量"进行了记录，知道了种子虽然是一起种下去的，但是会有发芽的、会有不发芽的；会有长得快的、会有长得慢的；会有长得细的、又会有长得粗的，如图 4-54 所示。

图 4-54 "植物生长测量"记录

创意制作

游戏活动 2：支撑植物枝干的行动

经过一段时间的观察，孩子们发现长得快的总是弯着腰，头都要深深地埋进土里去了。

经过讨论，孩子们最后选择了用树枝和竹竿来支撑植物的枝干。一组选择用树枝支撑，二组选择用竹竿支撑，如图 4-55 所示。

图 4-55 用树枝和竹竿支撑植物

孩子们通过对比、试错，最后终于将支撑物做好并固定了。通过实践，孩子们明白了：支撑要距离植株近，但也要注意不能插到植株根部；树枝或者竹竿插好后，需要用麻绳或者其他绳子将植株和支撑物固定，否则植株还是会"歪头"。

发现新问题

游戏活动 3：不结果怎么办

"我的怎么不结果呢？""我的果子好少啊。"孩子们通过一段时间的记录，发现植株结的果实比较少，大家又开始发挥团队优势想办法啦，如图 4-56 所示。

图 4-56 西红柿挂果少

学习评价

教师对幼儿的交流、讨论情况，以及调查完成情况等行为进行评价，并引导幼儿对自己和他人的表现进行评价，见表 4-39。

表 4-39 "种子生长"环节评价表

评价内容	评价星级				教师评价	幼儿自评	幼儿互评
了解植物的生长规律和特点	☆	☆☆	☆☆☆	☆☆☆☆			
主动调查搭建植株的相关资料，并能在班级中进行分享	☆	☆☆	☆☆☆	☆☆☆☆			
能与小组成员合作，共同完成任务	☆	☆☆	☆☆☆	☆☆☆☆			
对搭建架子的过程充满探究兴趣，积极参与活动	☆	☆☆	☆☆☆	☆☆☆☆			
总评							

学习成果

孩子们经过一系列的实践活动，完成了植株的支撑，并记录了有意义的活动过程，如图 4-57 所示。

图 4-57 植株支撑物选择记录图

第 4 课 开花与结果

活动目标

1. 培养观察能力：引导幼儿仔细观察植物生长过程中的现象，学会区分正常与非正常现象。

2. 动手操作能力：引导幼儿亲自参加调查活动，如收集数据、整理资料等，提高他们的动手操作能力和实践能力。

3. 合作与沟通：鼓励幼儿在调查、讨论和分享过程中学会合作与沟通，培养团队协作精神。

课时安排

2课时，50分钟。

结果保卫战

游戏活动1：查找不结果的原因

幼儿通过家长帮助调查，发现了植株结果少的原因，见表4-40。教师根据调查结果进行了汇总，发现植株结果少是因为没打叉，于是带领幼儿学习并进行了植株打叉。

表4-40 植株结果少的原因大调查

姓名		班级	
植株名称（绘画、文字）		反馈时间	
您认为植株结果少的原因有哪些			

文字（幼儿口述）：

调查结果及合理的意见或建议

文字：

本次调查家长给予的帮助有哪些

文字（幼儿口述）：

游戏活动2：我们一起来打叉

1. 一干半整枝法：每个植株保留主干以及第一花序下的一个侧枝，其余的所有侧枝均全部抹除，等到侧蔓长出2~3个穗果的时候，进行摘心，只保留主干继续生长。

2. 双干整枝法：每个植株保留主干以及第一花序下的第一侧枝，其他的侧枝以及双干上的再生枝均全部抹除。

3. 连续摘心换头整枝法：当第一、第二花序相继开花之后，在第二花序上边保留2片叶进行摘心，这个主枝为第一结果枝。然后保留紧靠第一花序下长出的第一侧枝，保留 2 个花序后留叶摘心，作为第二结果枝。从第三花序下长出的侧枝，保留 2 个花序后留叶摘心，作为第三结果枝，如此不断留枝摘心，让植株保留 4~5 个甚至更多的结果枝。

4.多干整枝法：每个植株保留 3~4 个健壮的侧枝，每个侧枝保留 2~3 穗果后摘心。打叉及打叉后果实的呈现效果，如图 4-58 所示。

图 4-58　打叉及打叉后果实的呈现效果

评价与分享

游戏活动 3：风采展示

经过孩子们的细心呵护，植株开始硕果累累。孩子们对这一丰收的结果进行了记录，如图 4-59 所示。

图 4-59　丰收的结果

学习评价

教师对幼儿的交流、讨论情况，以及调查完成情况等进行评价，并引导幼儿对自己和他人的表现进行评价，见表 4-41。

表 4-41　"开花与结果"环节评价表

评价内容	评价星级				教师评价	幼儿自评	幼儿互评
仔细观察植物生长过程中的现象，学会区分正常与非正常现象	☆	☆☆	☆☆☆	☆☆☆☆			

第 4 章　种植、养殖欢乐多

(续)

评价内容	评价星级				教师评价	幼儿自评	幼儿互评
主动调查植株结果异常原因的相关资料，并能在班级中进行分享	☆	☆☆	☆☆☆	☆☆☆☆			
能与小组成员合作，共同完成任务	☆	☆☆	☆☆☆	☆☆☆☆			
对种子生长发育的过程充满探究兴趣，积极参与活动	☆	☆☆	☆☆☆	☆☆☆☆			
总评							

学习成果

幼儿亲眼见证种子生长的过程，收获满满；累累硕果让幼儿欣喜不已。幼儿通过绘画，将自己的项目过程描绘为成长故事，如图 4-60 所示。

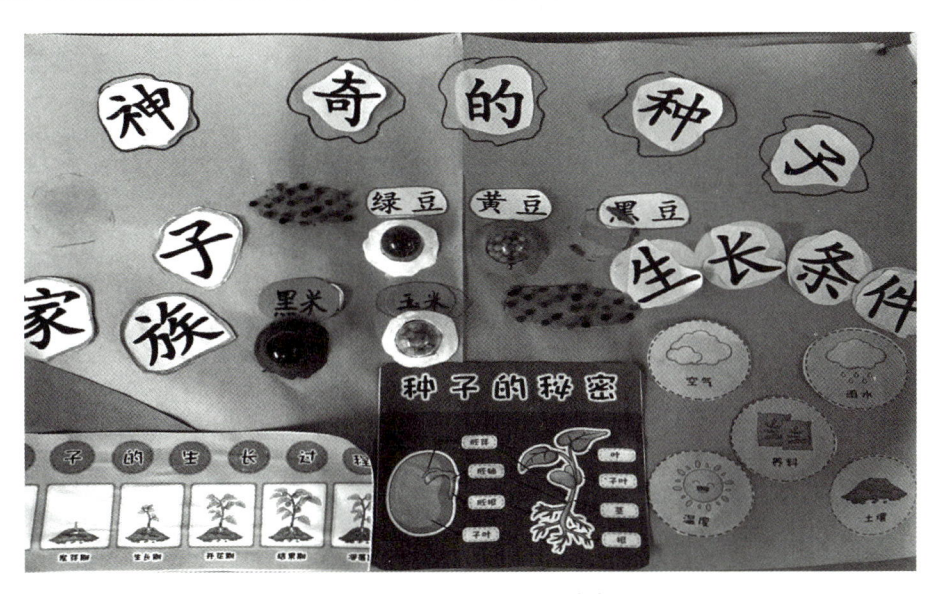

图 4-60　硕果累累的游戏故事记录

专家点评及教学建议

点评专家： 合肥市瑶海区教育体育局　光善慧

一、整体评价

STEM 教育提倡让孩子自己动手完成他们感兴趣的，并且和他们生活相关的项目，从过程中学习各种学科及其跨学科知识。我们要做的就是顺应孩子的天性，让孩子在活动中思考。本次项目活动基于问题的驱动，引入问题情境，描述清楚，有启发性，能准确把握STEM教育的内涵，能激发幼儿探究的热情，启发幼儿思考，能使幼儿的设计思维和创新思维得到提升与培养。幼儿对植株的培育等经验的连接，对多学科知识的融合运用，与生活中的实际问题进行互动。教师采用了"启发—探究—实践—支持—呈现"的逻辑进行具体教学引导与介入，通过知识应用和转化，最后以汇报展示的形式完整呈现了提出问题、分析问题、解决问题的过程。

在STEM教育中，教师要将自己摆在支撑、引导的位置，更多地让幼儿成为活动的中心，在本次活动中教师要打开思路，用问题和情境引发幼儿的好奇心。

二、教学建议

1. 发现新问题。在植株如何支撑起来的问题活动后，教师应根据幼儿在使用及测试中的实际问题进行活动延伸。

2. 评价环节可以更加具体化。教师可以让幼儿自评，然后小组内评价、两组互评，这样幼儿的思路将会更加开阔。

3. 安全建议：在使用尖利物品时，教师要提醒幼儿注意安全。